LES PLANTES DE TERRE DE BRUYÈRE

Jérôme Goutier

Éditions Rustica

Photo de couverture : Michael Warren (Rhododendron yakushimanum 'Doc').
Photos intérieures : Michael Warren et Lamontagne (pages 12-13, 65, 166-167, 173).
Dessins intérieurs : Michel Sinié.
Conception graphique : Jean-Pierre Lemaire.

Dépôt légal : février 1990
ISBN 2-205-03958-X
ISSN 0338-4101
Imprimé en Italie

Table des matières

INTRODUCTION

Capricieuses, les plantes de terre de bruyère ? On leur prête trop souvent cette réputation. A tort... Il existe en effet peu de plantes plus rustiques que l'azalée ou le rhododendron. Difficile également de trouver des végétaux aussi florifères et demandant aussi peu de soin que les hydrangéas ou les bruyères. Quant au camellia, il doit être doté d'une robuste constitution pour, hiver après hiver, fleurir aussi généreusement, et ce, en dépit des températures les plus rigoureuses. Enfin, il est peu d'arbres ou d'arbustes aussi majestueux que le magnolia, qui s'avère aussi résistant aux maladies ou aux ravageurs.

En fait, cette réputation qui paraît usurpée vient de ce que tous ces végétaux exigent pour réussir une plantation soignée, à une exposition bien choisie et dans une terre adéquate, riche et le plus souvent acide. Mais, à partir du moment où vous assurez une mise en place méticuleuse, répondant aux besoins spécifiques de chaque variété, toutes les plantes de terre de bruyère prolifèrent toutes seules, moyennant seulement des apports d'eau suivis lors de sécheresses prolongées pour les plus assoiffées, comme le camellia ou le rhododendron.

Aussi, dans ce livre, avons-nous particulièrement insisté sur la plantation : ce sujet est abordé en détail dans le chapitre sur les généralités ; puis, pour chaque genre, nous insistons sur les spécificités de mise en place.

Côté pratique, sont également passés en revue pour toutes les plantes la taille, lorsqu'elle s'avère nécessaire, et les principaux ennemis. Enfin, un

mode de multiplication est proposé pour les végétaux qui se propagent facilement.
En outre, afin de vous faire rêver et de vous permettre le plus grand choix, sont répertoriées et décrites, pour chaque genre, toutes les espèces et variétés que vous pourrez trouver dans notre pays. Avec, pour vous aider dans votre recherche des végétaux les plus rares, et les plus difficiles à se procurer, une liste exhaustive des pépinières produisant des plantes de terre de bruyère et de leurs spécialités, aussi bien en France qu'en Grande-Bretagne.
Mais il ne suffit pas de se procurer ces végétaux de terre de bruyère, rares ou non. Encore faut-il savoir où les planter et comment les marier pour qu'ils s'intègrent au mieux dans votre jardin. Pour cela, reportez-vous à la dernière partie : nous vous donnons de nombreux conseils, vus sous l'angle paysager.

Généralités

Les plantes de terre de bruyère sont ainsi appelées parce qu'elles exigent un sol naturellement acide (riche en silice), comme l'est la terre de bruyère ou la terre de fougère. Mais l'acidité ne suffit pas : le sol doit aussi comporter une bonne dose de matières organiques. En fait, on devrait parler plus exactement de végétaux de terre humifère, c'est-à-dire riche en humus, car bon nombre de rhododendrons poussent spontanément sous le couvert de forêts dont le sol n'est pas forcément très acide, mais enrichi chaque année en humus (produit de décomposition des feuilles des arbres). En tout cas, ne vous avisez pas de planter un rhododendron ou une azalée en terrain calcaire, voire dans un sol comportant des traces de calcaire : ils y seraient condamnés à court terme. Vous devez, dans ce cas, prévoir une large fosse remplie d'un mélange adéquat (voir ci-dessous). Ces précautions s'avèrent inutiles dans les régions où le sol présente une nature acide. Les camellias, magnolias et rhodododendrons y prolifèrent — en pleine terre — de façon exubérante. C'est le cas dans certaines parties de la Bretagne et du Cotentin, où les hydrangéas bleus conservent ce coloris de façon spontanée, dans les Landes, le Roussillon, ainsi que dans les poches acides d'Alsace, du Massif central, des Vosges et des Alpes.

Choisissez la plante avec un œil avisé

Les pépiniéristes proposent de plus en plus les plantes de terre de bruyère en conteneur : un mode de culture pratique, qui permet l'obtention rapide de jeunes pieds vigoureux, pouvant être plantés à toute époque de l'année. Ne vous laissez toutefois pas séduire par des plantes trop forcées.
Vous trouverez également ces mêmes plantes – parfois en forts sujets – élevées traditionnellement en motte. Leur période de mise en place est limitée à la mauvaise saison. Seuls quelques magnolias à feuillage caduc sont disponibles à racines nues, comme les autres arbres caducs ornementaux ou fruitiers.

UNE ÉCORCE SAINE

Ne cherchez pas à tout prix des plantes de terre de bruyère abondamment fleuries ou portant de nombreux boutons. Préférez des végétaux présentant un feuillage luxuriant, et surtout – cela s'avère fondamental – une écorce bien lisse, saine, qui ne risque pas, plus tard, d'héberger des germes de maladies ou des parasites. Scrutez avec une attention particulière l'écorce au niveau de la base du tronc ou du départ des tiges.

■ Une plante en conteneur

La plante en conteneur est en quelque sorte cultivée artificiellement, dans un substrat léger. Demandez au pépiniériste la composition du mélange terreux et préférez des végétaux – à l'écorce saine (voir encadré) – élevés dans un bon mélange, riche en terreau fabriqué en pépinière.
Parfois, en effet, ce substrat s'avère beaucoup trop léger (s'il est uniquement constitué d'écorces de pin et de tourbe), et le pépiniériste doit forcer ses végétaux en conteneur à grand renfort d'engrais. Malgré le bel aspect que présente une telle plante lorsque vous l'achetez, vous risquez d'être déçu par la suite si vous ne la soignez pas correctement. Pour cela, après la mise en place, continuez à lui apporter de l'engrais et sevrez-la progressivement (voir ci-dessous « Des plantes en superforme »). Si la plante est élevée depuis trop longtemps – plus de six mois – dans un conteneur au substrat trop léger, vous remarquerez, après l'avoir dépotée, des racines tournant autour de la motte et à la base, où elles forment un chignon. Coupez-les de façon que les nouvelles racines pénètrent bien perpendiculairement dans le sol. Cela s'avère important

avec les plantes de terre de bruyère dont les racines s'étalent en surface, sans pénétrer en profondeur dans le sol. Avantage de ces plantes en conteneur : leur présentation permet une vente douze mois sur douze, donc une plantation tout au long de l'année, moyennant évidemment des arrosages suivis en cas de mise en place à la belle saison.

■ Une plante en motte

Les plantes ainsi élevées offrent généralement une belle végétation, des branches touffues et un feuillage sain. Elles sont cultivées dans des filets, ou tontines, qui enserrent la motte. Vous pouvez les acheter et les planter d'octobre à la fin avril. Là encore, préférez les végétaux offrant une écorce saine (voir encadré).

■ Une plante à racines nues

Ce cas de figure est rare chez les plantes de terre de bruyère qui, pour la plupart persistantes, sont proposées en motte ou en conteneur. Néanmoins, vous trouverez ainsi certains magnolias à feuillage caduc : ils sont disponibles de la fin novembre à la mi-mars. Assurez-vous toujours du bon état de l'écorce, principalement à la base du tronc.

L'art de la plantation

La plantation des végétaux de terre de bruyère élevés en conteneur peut s'effectuer à tout moment de l'année. Ce n'est pas le cas pour les plantes caduques vendues en motte ou à racines nues.

Les persistants, comme le rhododendron ou le camellia, doivent être plantés — dans les régions à climat moyen, type Ile-de-France — à deux moments :

- de septembre-octobre à la mi-décembre,
- de la mi-février au stade du bouton bien formé, précédant la floraison.

Pour une meilleure reprise, plantez de préférence tôt — dès septembre — alors que le sol ne s'est pas encore refroidi, ou tard — juste avant la floraison — lorsque la terre s'est déjà réchauffée.

Les espèces caduques, comme certains magnolias ou les hydrangéas, seront plantées tout l'hiver, de la Sainte-Catherine à la fin mars, excepté les pieds élevés en conteneur : leur mise en place s'effectue tout au long de l'année. En cas de plantation hivernale, procédez de préférence par beau temps et ne plantez évidemment pas s'il gèle.

Les azalées mollis (jaune et rouge) apporten

ne note colorée à cette scène aquatique.

SI VOUS DIFFÉREZ LA PLANTATION

Si vous ne pouvez pas planter vos végétaux de terre de bruyère immédiatement après l'achat, conservez-les en un lieu où vous pouvez les arroser facilement. Juste avant la plantation, trempez carrément la motte, toujours enserrée dans sa tontine ou dans son conteneur, dans une bassine d'eau. Laissez-la jusqu'à ce qu'elle soit complètement imbibée d'eau.
Si c'est le froid qui repousse vos plantations, mettez les plantes dans un local hors gel, et entourez les mottes de tourbe maintenue légèrement humide. Attendez le redoux pour planter.

■ Ne tenez pas une plante dépotée par le tronc

Une fois la tontine ou le conteneur enlevé, évitez à tout prix de manipuler l'arbuste en le tenant par le tronc. En effet, si vous le tenez ainsi, le poids de la motte va favoriser la pénétration de l'air au niveau des racines. Comme il ne faut, sous aucun prétexte, piétiner le sol autour des arbustes de terre de bruyère après la plantation, vous ne pourrez pas faire disparaître ces poches d'air. Les racines risquent alors de geler l'hiver ou de se dessécher l'été.
Pour éviter cela, portez la plante, une fois la tontine ou le pot en plastique enlevé, juste sous les racines, et prenez garde que la motte ne se brise pas.

■ Le bon emplacement

En règle générale, tous les végétaux de terre de bruyère ne supportent pas une exposition chaude et brûlante. A quelques exceptions près, comme le magnolia, qui requiert un lieu ensoleillé et bien dégagé pour fleurir convenablement, ou la bruyère, qui tapisse aussi joliment les emplacements ensoleillés qu'ombragés. Avec, évidemment, des variantes selon les diverses espèces.

PAS DE SOLEIL ENTRE 12 H ET 15 H

Evitez le plein sud pour le rhododendron, l'azalée, le camellia, l'hydrangéa, l'érable du Japon, le piéris, le kalmia... : pas de soleil entre 12 h et 15 h — heure solaire — pour tous ces végétaux. Sachant cela, vous pouvez planter un rhododendron ou un camellia en plein soleil dans un lieu qui bénéficie d'une ombre portée (celle d'un bâtiment, par exemple) à ces heures chaudes de la journée. Méfiez-vous de la réflexion de la lumière sur un mur blanc : elle peut nuire à un camellia, même planté au nord.

Les meilleures expositions restent l'ouest et l'est, dans la mesure où la plante est protégée des vents froids, nocifs à tous les persistants. Un lieu trop ombragé est à exclure car les plantes manquent de lumière et n'arrivent pas à fleurir. Dans le Midi seulement, plantez ces persistants de terre de bruyère en plein nord.

■ Plantez au ras du sol

Si vous ne mettez en place qu'une plante de terre de bruyère, prévoyez, dès la plantation, un large trou d'au moins 1 m à 1,50 m de diamètre. Ainsi, vous pourrez le remplir d'un volume de terre enrichie suffisant pour toute la vie de la plante.

La profondeur n'a pas besoin d'être importante, puisque ce type de végétaux émet surtout des racines superficielles. On peut distinguer toutefois des variantes selon les espèces :

- 15-20 cm suffisent amplement pour les bruyères,
- 30-50 cm pour les azalées et les rhododendrons,
- 60-80 cm pour toutes les autres plantes.

PAS D'APPORTS SUPPLÉMENTAIRES DE TERRE DE BRUYÈRE

Les racines de toutes les plantes de terre de bruyère poussent surtout de façon superficielle. C'est pourquoi ces végétaux doivent être plantés à ras du sol. Par la suite évitez, bien qu'on le conseille parfois, d'effectuer des apports supplémentaires de terre de bruyère au pied de l'arbuste, même en quantités infimes : cela risque en effet d'enterrer ses racines, ce qu'il n'apprécierait pas. Prévoyez plutôt des apports d'engrais si vous désirez enrichir le sol de vos végétaux de terre de bruyère.

Au fond du trou, déposez un lit de cailloux, de graviers ou de sable grossier, sur 10 à 15 cm de hauteur. Cette couche de drainage est importante, surtout en terrain humide : les rhododendrons et les camellias exigent des apports d'eau fréquents, mais ne supportent pas un sol constamment détrempé.

Pour combler le trou, la terre de bruyère seule s'avère trop légère et ne retient pas assez l'humidité, surtout en été. Pour éviter cet inconvénient, mélangez-la à de la tourbe brune acide, voire à du terreau de feuilles très bien décomposées, à raison de deux volumes de terre pour un volume de tourbe (ou de terreau). Si, dans votre région, les bruyères ou les fougères poussent spontanément en certains endroits, vous pouvez prélever cette terre légère pour vos plantations d'azalées ou de magnolias. Si ce n'est pas le cas, achetez de la terre de bruyère en gros sacs.

L'ART DE LA PLANTATION

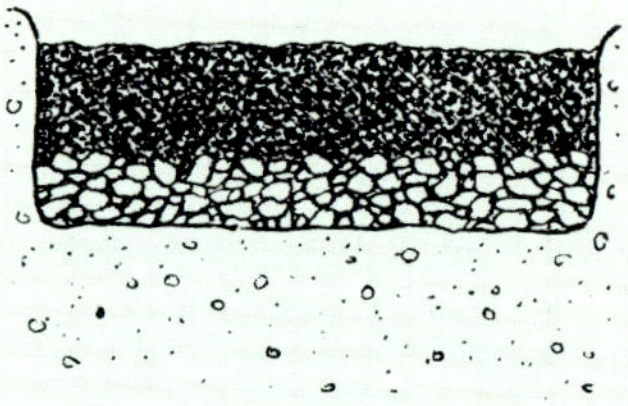

Creusez un trou d'au moins 1-1,50 m de diamètre et environ 50 cm de profondeur. Tapissez le fond de 10-15 cm de cailloux. Comblez le trou avec un mélange de 2/3 de terre de bruyère et 1/3 de tourbe brune.

Tassez bien le mélange en le piétinant.

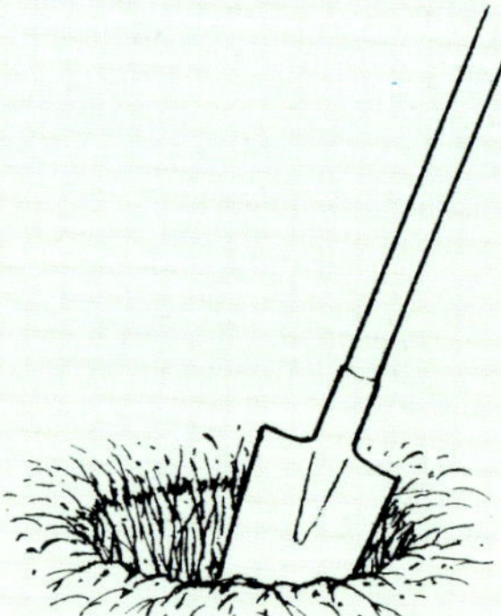

Dans le mélange, creusez un trou correspondant au volume exact de la motte de la plante.

Installez la plante de façon que les racines superficielles soient bien au ras du sol. Surtout, ne la tenez pas par le tronc : portez-la par le dessous de la motte, en veillant à ce que celle-ci ne se brise pas.

Mélangez intimement à la bêche la terre et la tourbe (ou le terreau). Au milieu de la fosse ainsi comblée d'un mélange adéquat – et que vous aurez pris soin de bien tasser –, creusez un trou de la taille de la motte. Installez votre plante – sans la tenir par le tronc (voir encadré ci-dessus) – de façon que ses racines superficielles soient bien au ras du sol. Mais ne piétinez pas le pourtour de la plante comme on le fait généralement avec les autres végétaux. Contentez-vous d'arroser copieusement : 10 litres d'eau par pied, et ce, même s'il pleut.

■ Si une plante végète

Le camellia ou le rhododendron que vous avez plantés l'année dernière montre des signes de faiblesse ? Il ne pousse quasiment pas, végète, en quelque sorte ? Si tel est le cas, peut-être que l'emplacement choisi n'est pas le bon ? Trop de vents froids ? Ou peut-être n'avez-vous pas prévu un trou de plantation suffisamment grand ? Dans ce cas, n'hésitez pas : quelle que soit la saison et même en plein été, transplantez votre arbuste en un lieu convenable, au sein d'une fosse assez vaste. Moyennant des apports d'eau réguliers et abondants, votre arbuste repartira avec une vigueur qui vous surprendra. Déplantez-le avec soin : enlevez un cerceau de terre, de la largeur et de la profondeur de votre bêche, tout autour de la motte, et enlevez-la méticuleusement pour ne pas la briser. Prenez l'habitude d'effectuer ce cernage autour de la motte de vos plantes de terre de bruyère, chaque automne. Ainsi, vous n'aurez pas de problème le jour où vous souhaiterez transplanter un arbuste, même imposant. Pour cela, agrandissez chaque année de quelques centimètres le diamètre du cerceau autour de la plante.

Une fois la transplantation effectuée, installez votre arbuste en un lieu judicieusement choisi, doté d'un sol adéquat. Plantez-le comme nous l'avons vu, sans l'enterrer, juste au ras du sol. Une poignée d'engrais spécifique pour plantes de terre de bruyère, une fois par mois, à trois reprises, en avril, mai et juin, et votre arbuste reprendra à coup sûr.

Des rhododendrons même en sol calcaire

Le signe caractéristique de la présence de calcaire dans un sol ou d'une terre de nature calcaire est la chlorose des feuilles, c'est-à-dire leur jaunissement. Cela est le cas avec toutes les plantes de terre de bruyère, mais aussi avec des espèces ornementales (catalpa, glycine...) ou fruitières (pêcher, poirier...). Les feuilles jaunissent car, du fait de l'absence de fer actif et de magnésium, la chlorophylle, inactivée, reste blanche. La chlorose conduit inévitablement à la mort les plantes atteintes.

Pour ne pas en arriver là avec vos rhododendrons ou vos camellias, un bon conseil : faites analyser votre terre par un laboratoire si vous n'êtes pas certain de sa nature. A titre indicatif, la flore spontanée d'un sol calcaire comporte bleuet, coucou, sainfoin, chicorée sauvage... tandis que celle d'un sol acide est riche en digitale, bruyère sauvage, fougère, petite oseille...

LA SOLUTION : UN PH ENTRE 4,5 ET 6,5

La nature d'un sol se définit à l'aide du pH (ou potentiel Hydrogène), qui donne un chiffre compris entre 0 et 14. Un pH de 7 correspond à un sol neutre.

Une terre est dite acide si son pH est inférieur à 7. Les plantes de terre de bruyère préfèrent un sol au pH compris entre 4,5 et 6,5.

Un sol est alcalin ou calcaire si son pH dépasse 7. Si c'est le cas dans votre jardin, pas question d'y implanter ces végétaux de terre acide sans prévoir une fosse suffisamment large, remplie de terre de bruyère.

■ Comment créer une fosse de terre acide

Avant tout, prévoyez une fosse d'un bon diamètre, surtout que, dans de telles conditions, vous avez tout intérêt à grouper plusieurs espèces différentes et à constituer un massif entier de plantes de terre de bruyère. Pour vous donner un aperçu du diamètre du trou, songez que vous devez espacer chaque plante de 1,50 à 2 m selon son développement ultérieur.

La profondeur n'a pas besoin d'être importante, nous l'avons vu, pour la plantation : 50-60 cm suffisent. Assurez cependant une profondeur de 80 cm au moins si vous comptez installer des magnolias. Tapissez tout le tour de la fosse d'un film plastique noir, afin d'éviter tout écoulement de calcaire sur les côtés :

CRÉEZ UNE FOSSE DE TERRE ACIDE

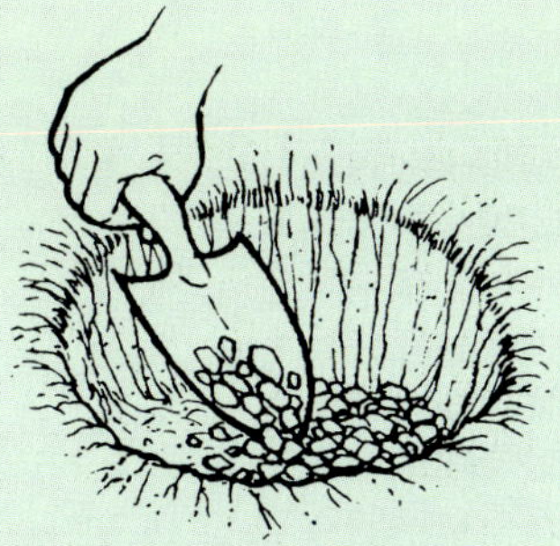

Creusez le trou de plantation. Au fond, déposez un lit de cailloux, graviers ou sable grossier, sur 10-15 cm de profondeur.

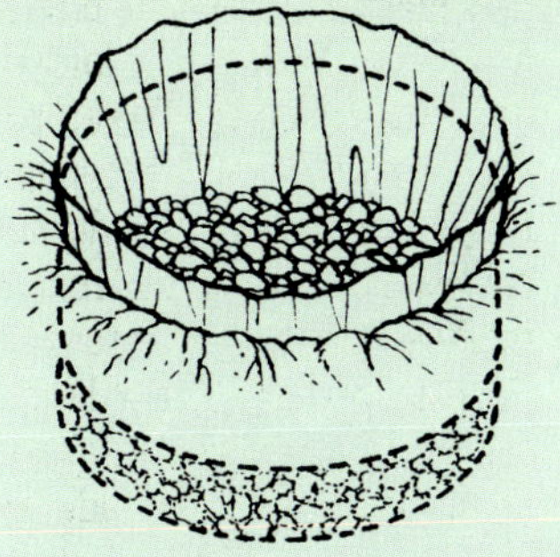

Tapissez le tour de la fosse d'une double épaisseur de plastique noir. Faites dépasser le film d'une dizaine de centimètres.

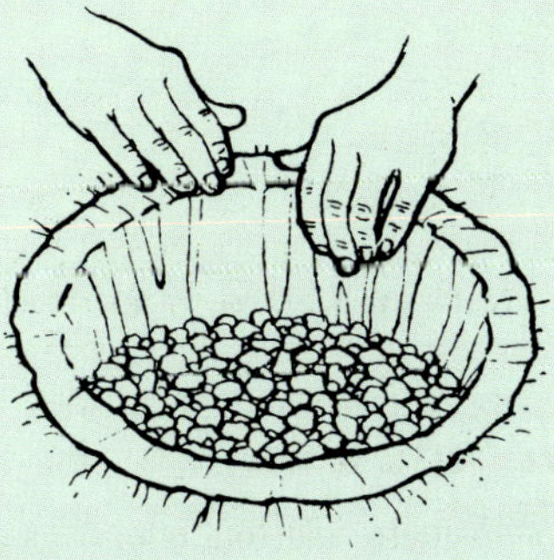

Repliez le haut du film au bord du trou. Maintenez-le en place en le recouvrant de terre non calcaire.

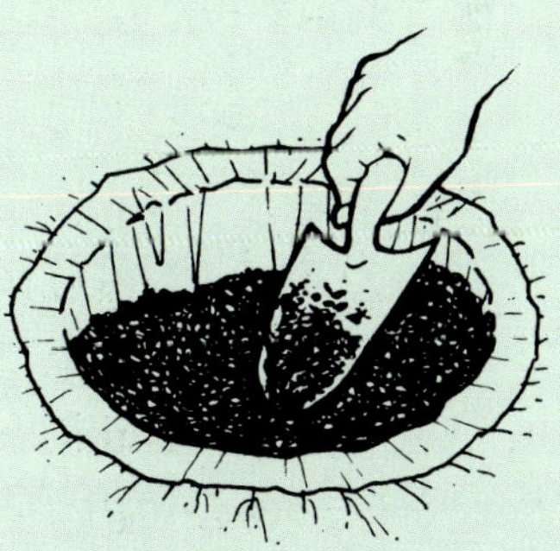

Remplissez la fosse d'un mélange composé de 2/3 de terre de bruyère (ou de terre de fougère) et 1/3 de tourbe brune (ou de terreau de feuilles).

ce n'est pas la peine de couvrir le fond puisque le calcaire ne remonte pas. Pour isoler la terre d'origine de celle que vous apportez, constituez une simple couche de cailloux ou de graviers sur 10 à 15 cm de haut. Ce lit assurera en outre le drainage.

UN FILM DOUBLE

Tous les types de film conviennent pour revêtir la fosse. L'essentiel est qu'il soit doublé. La raison : le fait de doubler ce film permet à un peu d'air de stagner entre les deux couches. Aussi, si des racines avaient la force de percer la première couche du film, elles se trouveraient au contact d'une poche d'air qui les dessècherait avant qu'elles n'aient le temps de passer à travers la seconde couche. Pour vous faciliter la pose du film, creusez une fosse de préférence circulaire. Découpez une bande de film égale à deux fois le périmètre de la fosse, afin de pouvoir doubler le revêtement sur toute la surface recouverte. Pour la hauteur, ajoutez 10 cm à celle de la fosse : vous replierez le haut du film sur les bords du trou, et le recouvrirez de terre — non calcaire — pour le faire tenir.

Une fois la fosse tapissée, remplissez-la d'un mélange composé de deux tiers de terre de bruyère ou terre de fougère et d'un tiers de tourbe brune ou de terreau de feuilles très bien décomposées. Prenez les mêmes précautions pour la mise en place que celles évoquées ci-dessus.

Des plantes en superforme

Première priorité après la plantation : supprimez systématiquement tous les boutons floraux ou ébauches, même si cela vous fend le cœur. Vous en serez récompensé l'année suivante avec une floraison magnifique sur un petit arbuste qui aura bien repris.

■ Arrosages et vaporisations

Ne vous contentez pas d'arroser copieusement vos plantes de terre de bruyère les premières années suivant la plantation. Assurez des apports d'eau abondants à chaque belle saison, même lors d'un été pourri. Montrez-vous particulièrement vigilant lors d'un été caniculaire, chaud et sec comme en 1989. Pourquoi cela ? Nous l'avons déjà vu, ces végétaux se singularisent par un système radiculaire extrêmement superficiel : les racines ne peuvent donc pas puiser l'humidité en profondeur, comme le font celles d'un pin ou d'un marronnier. Elles sont de ce fait très sensibles au dessèchement.

PAILLEZ LE SOL

Afin de conserver une bonne fraîcheur l'été, n'hésitez pas à pailler le sol au pied de vos plantes de terre de bruyère : une couche, même très fine, suffit. Composez donc un bon paillage — qui, en plus, jouera un rôle acidifiant — avec un lit de fougères, de feuilles ou d'écorces de pin. Ou alors, contentez-vous d'épandre les déchets de tonte de votre gazon. Non seulement ce paillage préserve au sol une fraîcheur appréciable, mais il empêche le développement des mauvaises herbes et maintient vos cultures propres. Vous avez donc tout intérêt à le laisser longtemps en place, même en hiver ; pensez également à l'aspect décoratif d'un matelas d'écorces de pin par exemple.

En outre, pensez à vaporiser fréquemment les feuilles afin de leur permettre de bien respirer. Utilisez si possible de l'eau non calcaire. Brumisez d'autant plus souvent que vous vivez dans une région polluée.

UNE EAU NON CALCAIRE

Bannissez si possible l'eau de ville, trop calcaire pour des plantes qui en ont horreur. Préférez l'eau de pluie, ou l'eau d'un puits dont la nappe phréatique n'est pas située en terrain calcaire. Vos rhododendrons et magnolias ne s'en porteront que mieux.

■ Un engrais acidifiant

Si votre massif de plantes de terre de bruyère compte diverses espèces fleurissant à différents moments, voici un moyen très simple pour que la fertilisation ne devienne pas un véritable casse-tête insoluble. Nourrissez tous vos végétaux à la même époque, en octobre, avec le même engrais.
Vous pouvez constituer un bon engrais de fond avec un mélange tout simple, assurant une alimentation prolongée et non un coup de fouet inutile en cette saison. Entendez « fond » comme fondamental, et épandez cet engrais en surface, et pas forcément au fond du trou, ce qui serait évidemment impossible après la plantation. Afin d'obtenir un engrais complet, riche en matières organiques, mélangez, pour 1 m^2 :
— deux poignées de sang desséché, ou de guano de poissons, ceci pour l'**azote**. Excluez tout épandage de poudres d'os qui apporteraient du calcaire ;

– 30 g de phosphate d'ammoniac, un engrais acidifiant, ceci pour l'**acide phosphorique** ;
– 30 g de sulfate de potassium, autre engrais acidifiant, ceci pour le **potassium**.
Si ce mélange vous paraît un peu trop compliqué à préparer, procurez-vous des engrais spécialement préparés pour les plantes de terre de bruyère par les pépiniéristes, ou adoptez des formules acidifiantes spécifiques, plus riches en acide phosphorique et en potassium qu'en azote.

AIDEZ LES PLANTES CHÉTIVES À DÉMARRER

Vous avez acheté une plante en conteneur trop forcée et qui a du mal à pousser ? Continuez à lui apporter beaucoup d'engrais.
Choisissez une formule spéciale pour plantes de terre de bruyère, en poudre, facile à épandre. Prévoyez une application par semaine le premier mois. Puis sevrez la plante progressivement : un apport tous les quinze jours, puis un apport par mois, avant d'arrêter toute nourriture. Assurez en outre de copieux arrosages durant toute la belle saison. Soumise à ce régime, votre plante chétive va reprendre des forces.

Réussissez la culture en bac

Les plantes de terre de bruyère ne sont pas faites pour la culture en bac. Toutefois, pour mettre tous les atouts de votre côté, et pour les conserver plusieurs années en bon état, essayez de les élever dans de grands bacs en bois, ouvrants, du style de ceux de l'Orangerie du château de Versailles ou du jardin du Luxembourg. L'avantage de ces bacs est que l'on peut ouvrir leurs côtés, ce qui facilite la taille des racines, indispensable dans ce type de culture.

■ Beaucoup d'eau et d'engrais

Adoptez le même mélange que celui préconisé pour les massifs : 2/3 de terre de bruyère ou de terre de fougère, et 1/3 de tourbe brune acide ou de terreau de feuilles très bien décomposées. Arrosez tous les jours durant la belle saison, une à deux fois par semaine le reste de l'année. Appliquez en outre un engrais spécifique, dilué dans l'eau d'arrosage : procédez une fois par mois, de mars à septembre. Pensez enfin à vaporiser souvent les feuilles pour les faire mieux respirer, et éviter qu'elles ne se dessèchent : lors des journées caniculaires, prévoyez deux vaporisations quotidiennes, matin et soir.

■ Comme la myrte de Louis XIV

Du fait de ces apports d'eau fréquents, un chevelu radiculaire abondant va proliférer autour de la motte. Pour éviter qu'il ne soit en contact avec le contenant durant les froids de l'hiver et qu'il ne gèle, voici le secret des jardiniers de Versailles qui conservent ainsi en pot une myrte géante, datant de l'époque de Louis XIV : chaque automne, avant les gelées, en octobre, ouvrez les côtés du bac et tronçonnez la motte de 10 cm avec une pelle bien tranchante, sans toucher à la plante. Refermez le bac et comblez les espaces vides de terre de bruyère. Profitez-en pour épandre un engrais acidifiant complet, riche en matières organiques comme ceux que nous avons déjà conseillés. De cette manière, la plante se trouve protégée, et ce, quelle que soit l'intensité du gel : il peut geler à −23 °C, la plante sera épargnée. Quand l'arbuste repartira au printemps, il retrouvera la bonne terre autour de sa motte, sur 10 cm seulement, ce qui explique qu'à l'automne suivant, le chevelu aura atteint à nouveau le contenant et sera bon à couper. Et ainsi de suite.

QUELLES PLANTES EN BAC ?

Hormis les bruyères, qui se comportent très bien dans n'importe quel type de bac, les seules plantes de terre de bruyère qui supportent, sans toutefois trop l'aimer, la culture en bac sont :

– les camellias,

– les rhododendrons et les azalées de format nain.

Pour les réussir, placez-les en un lieu non brûlant, protégé si possible des vents froids.

Les ennemis communs

Lors de la description des espèces, seront cités les principaux ravageurs et les maladies spécifiques. Pour éviter toute répétition, voici les ennemis communs à tous les arbres et arbustes de terre de bruyère.

■ Carences nutritives

– *La chlorose*

Cette carence, qui provoque le jaunissement du feuillage, survient en sol trop calcaire (au pH trop élevé). Elle s'avère fréquente chez les plantes de terre de bruyère, friandes d'acidité. Seule solution : dès les premiers signes, déplantez le jeune arbuste et placez-le dans une fosse remplie de terre de bruyère (2/3) et de tourbe brune (1/3) mélangées intimement.

PAS DE JUGEMENT HÂTIF ! Attention, le jaunissement des feuilles chez les végétaux persistants est souvent considéré comme une maladie. A tort. En effet, malgré leur caractère persistant, ces plantes perdent tout de même leurs feuilles sur un cycle de 3 années environ. Rien d'anormal donc si vous constatez que certaines feuilles de votre rhododendron ou de votre camellia, déjà âgés, jaunissent avant de tomber.

– *Le manque d'engrais*

Si les feuilles de votre rhododendron ou de votre camellia restent désespérément petites, il faut incriminer une mauvaise nutrition. Votre arbuste manque d'éléments fertilisants. Effectuez des apports fractionnés – au moins trois, une fois par mois au printemps – d'un engrais adapté aux plantes de terre de bruyère. Et arrosez convenablement pour bien faire repartir votre arbuste.

■ Ravageurs

– *L'otiorrhynque*

Ce petit charançon dévore la périphérie des feuilles, tandis que ses larves, blanches à tête noire, peuvent éventuellement ronger les racines et l'écorce du collet, provoquant le dépérissement rapide de la plante attaquée.

Dès les premiers symptômes, pulvérisez un insecticide à base de lindane. Renouvelez le traitement tous les quinze jours jusqu'à la disparition de ces insectes.

Le printemps est arrivé : magnolia soulangeana, mahonia à feuilles de houx et tapis d'aubriète.

– Les mulots et les taupes
Ces ravageurs sont des ennemis indirects : les galeries creusées au pied des plantes de terre de bruyère conduisent à un drainage très important, qui risque d'être fatal à l'arbuste à la moindre sécheresse. Piégez-les donc sans tarder avec des appâts spécifiques, dès que vous constatez la présence de galeries.

PAR TEMPS DE NEIGE

Ne laissez pas la neige sur les arbustes persistants : du fait de son poids, elle risque de casser les branches ; elle favorise en outre la formation de glace pouvant brûler le feuillage. Avec un bout de bois, tapez sur le tronc pour faire tomber la neige : évitez de battre directement le feuillage.

LES VRAIES PLANTES DE TERRE DE BRUYÈRE

Camellia, azalée, rhododendron, bruyère, piéris, kalmia... Le camellia (de la famille des Théacées) et les autres végétaux de la famille des Ericacées, possèdent un point commun : celui d'exiger un sol riche en humus et de nature acide. Faute de quoi, ils dégénèrent rapidement ; le feuillage jaunit, se dessèche et tombe, et ils sont condamnés à mourir sous peu. Pour les réussir, plantez-les dans un mélange riche en terre de bruyère, avec des modalités spécifiques que nous allons préciser pour chaque genre. En attendant, partez à la découverte des plus belles espèces et variétés de ces plantes.

Azalée japonaise 'Rex'.

Les azalées

Le monde des azalées offre deux types bien distincts :

- **les espèces caduques** comme l'azalée mollis, les azalées Exbury, Knap Hill et de Gand, qui s'épanouissent de mai à la mi-juin ;
- **les espèces persistantes**, comme l'azalée japonaise, qui fleurissent, selon les variétés, dès avril ou plus généralement en mai.

Toutes les azalées sont en fait des rhododendrons puisque leur nom latin fait apparaître le mot *Rhododendron* comme étant leur genre. Ainsi par exemple, l'azalée mollis porte le nom latin de *Rhododendron japonicum*, tandis que l'azalée japonaise a celui de *Rhododendron obtusum*. Comme les rhododendrons, les azalées appartiennent à la famille des Ericacées. Mais, pour ne pas perdre notre latin, et noyer les azalées dans le monde des rhododendrons qui est, lui aussi, très vaste, nous avons choisi de bien séparer ces deux types de plantes.

Les azalées caduques

Ces azalées aiment être plantées en plein soleil : elles supportent l'ombre mais ont besoin de lumière pour fleurir. Elles se montrent très gourmandes en eau l'été.
Comme tous les végétaux caducs, ces azalées s'avèrent très rustiques : en toutes régions, elles ont parfaitement résisté aux rigoureux hivers de 1985, 1986 et 1987.
Selon les variétés, elles atteignent entre 1 m et 2,50 m de haut. Leur croissance est assez rapide. Si vous ne les plantez pas trop serrées, elles peuvent s'étaler sur 2 m-2,50 m environ, et former de magnifiques buissons. Tirez parti de cet atout : au lieu, par exemple, de regrouper trois petites azalées caduques pour former un buisson, contentez-vous d'un seul pied qui, bien nourri, se développera rapidement.
Certaines azalées, comme les Knap Hill et celles de Gand, revêtent de superbes coloris automnaux, comparables à ceux des érables du Japon, avant la chute des feuilles. Les autres azalées caduques perdent leurs feuilles brutalement.
Suivant les variétés, ces azalées proposent des formes et des structures étonnantes.

■ Les azalées mollis

Ces azalées bénéficient de très grandes fleurs parfumées, aux ravissantes teintes pastel, qui s'ouvrent au début mai, avant l'apparition des feuilles. Leur hauteur moyenne, à l'âge adulte, est de 1,50 m.
Parmi les plus belles variétés :

— *les précoces*
• '**Directeur Moerlands**' : fleurs jaune d'or, à la gorge plus foncée, avec une macule brun-olive.
• '**Hortulanus H. Witte**' : les fleurs jaune d'or brillant sont flammées d'orange vif, avec un revers d'un jaune-orange abricoté.
• '**Koster's Brilliant Red**' : les fleurs rouge orangé sont parcourues d'une flamme orange.
• '**Lemonora**' : hybride très vigoureux, dont les fleurs jaune-abricot, largement flammées d'orange vif, ont un revers orange, teinté de rose.

— *les variétés de mi-saison*
• **'Dr M. Oosthoek'** : très intéressante pour ses fleurs d'un rouge orangé foncé mais lumineux.
• **'Dr Reichenbach'** : les fleurs saumon clair sont flammées d'orange.
• **'Hugo Koster'** : magnifique pour le rouge coquelicot de sa floraison.
• **'Koningin Emma'** : fleurs orange saumoné.
• **'Mrs Peter Koster'** : étonnant par ses fleurs rouge foncé aux macules orangées.

■ Les azalées Knap Hill

Elles portent le nom de la pépinière anglaise où elles ont été obtenues.
A la différence des azalées mollis, la plupart des azalées de Knap Hill ont des fleurs dépourvues de parfum : seules les variétés odorantes seront signalées dans la liste ci-dessous. Elles atteignent de 1,80 à 2,50 m de haut. Les fleurs en trompette s'épanouissent dans des coloris souvent très brillants, généralement à la mi-mai, après les feuilles, excepté chez les variétés précoces comme 'Persil'. L'attrait essentiel des azalées Knap Hill est le splendide coloris que prend leur feuillage en automne, avant de tomber.
Parmi les plus belles variétés :

— *les précoces*
• **'Golden Flare'** : grandes fleurs jaune d'or pâle, maculées de jaune-orange très vif.
• **'Persil'** : une des premières azalées caduques à s'épanouir. Les fleurs blanches sont à peine marquées de rose à la pointe des pétales et sont maculées de jaune safran.

— *les variétés de mi-saison*
• **'Buttercup'** : les fleurs jaune soufre comportent des pétales gaufrés et ondulés, ainsi qu'un long tube saumon vif.
• **'Golden Sunset'** : les fleurs jaune tendre sont rayées de jaune soufre et maculées de jaune-orange vif, avec un tube et un revers nuancés d'abricot.
• **'Satan'** : les boutons rouge foncé s'épanouissent en fleurs étoilées rouge géranium, dont les revers comportent des nervures très marquées, blanches et vertes.

— *une tardive*
• **'Tunis'** : fleurs délicieusement parfumées, rouge carmin foncé éclairé de rose argenté et maculé d'orange cuivré. Les boutons naissent d'un rouge très foncé.

■ Les azalées Exbury

Obtenues également en Angleterre, à Exbury, ces azalées possèdent des caractères similaires à celles de Knap Hill si ce n'est que, excepté chez la variété 'Royal Command', leur feuillage est dépourvu du splendide coloris automnal qui caractérise ces dernières.
Parmi les plus belles variétés :

— *les variétés de mi-saison*
• **'Balzac'** : cet hybride assez précoce éclôt des bouquets de 12 à 15 fleurs parfumées, d'un rouge feu, maculé d'orange.
• **'Fireball'** : superbe par son jeune feuillage qui naît d'un rouge foncé cuivré. Les fleurs, rouge vermillon vif, sont éclairées de rouge feu.
• **'Hotspur Red'** : une variété vigoureuse aux fleurs d'un rouge orangé foncé, nuancé d'orange et de rouge tomate.
• **'Klondyke'** : la floraison parfumée et abondante combine le jaune clair, l'orange foncé et le vert (au centre), alors que les boutons naissent d'un orangé soutenu.
• **'Oxydol'** : remarquable par ses très grandes fleurs blanches, tachées de jaune safran, aux pétales ondulés.
• **'Sun Chariot'** : les fleurs, d'un jaune soufre très lumineux, sont ponctuées de jaune-orange.

— *les tardives*
• **'Cecile'** : les boutons saumon vif s'ouvrent en rose-pêche maculé de jaune, avec des pétales ondulés.
• **'Glowing Embers'** : hybride assez tardif, aux grandes fleurs orange cuivré, maculé de rouge et jaune-orange avec un revers orange.
• **'Silver Slipper'** : sa floraison parfumée, blanc nacré éclaboussé de rose tendre et de jaune-orange est assez tardive. Les jeunes feuilles naissent teintées de cuivre.
• **'Berryrose'** : variété tardive dont le jeune feuillage se pare d'un remarquable ton cuivré.
• **'Gibraltar'** : les boutons orange-cramoisi épanouissent de grandes fleurs d'un orange lumineux, lavé de jaune chaud.
• **'Royal Command'** : attrayante par ses jeunes pousses rouge-palissandre et le coloris automnal de son feuillage. Les fleurs sont rouge vermillon, maculé de jaune-orange.

Azalée Exbury 'Klondyke'.

■ Les azalées de Gand

Appelés azalées de Gand ou azalées pontiques, ces hybrides ont été créés entre 1830 et 1840 par des obtenteurs belges et hollandais. Ils fleurissent les tout derniers parmi les azalées caduques, dans la deuxième quinzaine de mai. Leur hauteur se situe entre 1,50 m et 3 m. Comme les azalées Knap Hill, les azalées de Gand se distinguent par les teintes somptueuses de leur feuillage à l'automne. Toutes les variétés suivantes épanouissent des fleurs parfumées, présentant un aspect voisin de celles du chèvrefeuille :

— *une précoce*
• **'Narcissiflora'** : les petites fleurs doubles, jaune pâle, offrent une gorge et un revers plus foncés.

— *les variétés de mi-saison*
• **'Bouquet de Flore'** : fleurs rose brillant, maculé de jaune, avec un bord plus foncé.
• **'Nancy Waterer'** : grandes fleurs jaune d'or, maculé de jaune orangé foncé.
• **'Sang de Gentbrugge'** : les fleurs, assez grandes, sont carmin foncé, maculé de saumon foncé.

— *une tardive*
• **'Fanny'** : l'une des azalées de Gand les plus tardives, aux fleurs d'un rose soutenu, maculé de jaune ocre et rose vif carminé.

LE DEGRÉ DE PRÉCOCITÉ

L'époque de floraison est toujours difficile à préciser pour toutes les plantes : elle varie en effet chaque année selon les conditions météorologiques. En outre, elle diffère selon les régions en fonction de différents facteurs (latitude, altitude, proximité de la mer, degré de protection du jardin...). Parmi ces azalées caduques, les premières à fleurir sont les mollis dès le début mai (pour un climat moyen type Ile-de-France). En Loire-Atlantique, par exemple, elles commencent 15 jours plus tôt, soit dès la mi-avril. Puis s'épanouissent les Knap Hill et Exbury, dès la mi-mai, les toutes dernières étant les azalées de Gand. Avec, chez toutes ces azalées, des variations selon les variétés :

— les précoces étant en fleurs avant la formation des feuilles, dès la fin avril ;

— les tardives ne dévoilant leurs fleurs qu'à la fin mai.

Azalée de Gand 'Narcissiflora'.

Les azalées japonaises

Ces azalées persistantes comptent un nombre incroyable de variétés fleurissant en avril-mai. Pratiquement tous les coloris de fleurs existent, sauf le jaune. Leur développement est beaucoup plus réduit que celui des azalées caduques puisqu'elles ne dépassent pas 50 cm à 1,50 m de haut selon les hybrides, et leur croissance est lente.
Moins rustiques que les azalées caduques, elles doivent être protégées des vents froids du nord et de l'est.

■ Soleil ou pas de soleil ?

L'azalée japonaise supporte très bien le plein soleil. Si elle est ainsi placée, son feuillage prend en hiver une teinte mordorée, très séduisante. Mais avec une telle exposition, la floraison dure moins longtemps. En outre, elle est avancée et risque d'être abîmée par des gelées tardives ou des pluies glaciales qui noircissent carrément les fleurs, quelle que soit leur couleur.
Ainsi, par exemple, la variété 'Blauuw's Pink', cultivée en plein soleil, a un feuillage qui vire au cuivre en hiver et une floraison qui dure à peine quinze jours. La même variété élevée en un lieu ombragé et protégé des vents froids, mais suffisamment lumineux, conserve son feuillage vert durant toute la mauvaise saison, et reste épanouie durant plus de six semaines !
Soleil ou pas de soleil... à vous de choisir donc, selon ce que vous souhaitez obtenir.
De toute façon, quelle que soit l'exposition, l'important est que le sol soit acide, bien drainé, et reste frais.

■ Taillez à la cisaille

L'azalée japonaise tolère très bien la taille et peut ainsi se prêter à diverses formes : pyramide, boule... comme le buis. Pour cela, procédez après la pousse qui suit la floraison, en opérant à la cisaille ou même au taille-haie. Plus elle est taillée, plus l'azalée japonaise est belle.

UNE AZALÉE EN ÉTAGE

Les Japonais ont le don d'obtenir des curiosités botaniques en tout genre ! Il eut été étonnant qu'ils ne se soient pas attaqués aux azalées japonaises ! Leur préférée est la variété 'Amoena', dont le feuillage particulièrement fin se prête à toutes les sortes de taille, à tel point qu'ils la façonnent en étages. L'effet doit être saisissant quand on sait que cette azalée persistante peut atteindre 2,20 m-2,50 m de haut sur 3 m de large... à l'âge de 60 ans.

■ Les azalées-coussins

De très petite végétation, ces azalées ne dépassent pas 50 cm, parfois 80 cm de haut après de nombreuses années de croissance. Mais elles peuvent s'étaler largement, jusqu'à 1,50 m de diamètre au bout de 15-20 ans. Elles conviennent tout à fait en rocaille et sur les talus ombragés, où elles forment de précieux couvre-sols.
Ces coussins font partie des hybrides de Kurume, qui se caractérisent par de petites fleurs et des feuilles petites et vernissées. Parmi les meilleures variétés :

— *les premières à fleurir*
• '**Amoena**' : fleurs doubles violet purpurin.
• '**Amoena Rubra**' : même variété, en pourpre.
• '**Hatsugiri**' : floraison pourpre-lilas clair.
• '**Helena**' : fleurs pourpre-lilas clair.
• '**Hinode-giri**' : floraison rouge carminé.
• '**Rex**' : variété peu rustique, aux fleurs doubles, saumon orangé.

— *les variétés de mi-saison*
• '**Fête des Mères**' : d'abondantes et assez grandes fleurs rouges.
• '**Fête des Pères**' : même variété, en orange.
• '**Kirin**' : hybride assez précoce, de rusticité moyenne, aux fleurs doubles, rose satiné avec le centre plus vif.
• '**Mikado**' : floraison rosc carminé.
• '**Mme A. van Hecke**' : fleurs rose frais.
• '**Snow**' : hybride assez précoce, à floraison double, blanc immaculé avec des pétales gaufrés.

— *les retardataires*
• '**Kermesina**' : petites fleurs roses.
• '**Macrostemon**' : fleurs saumon orangé en juin.

■ Les formats moyens

Ces azalées de taille intermédiaire — de 80 cm à 1 m — ont leur place dans les massifs de plantes de terre de bruyère entre les azalées-coussins et les azalées japonaises de plus grande végétation. En voici les meilleures variétés ; la plupart sont des hybrides de Vuyk et des hybrides de Kurume :

— *les premières à fleurir*
- '**Esmeralda**' : azalée très étalée, à floraison rose clair.
- '**Hino Crimson**' : petites fleurs rouge foncé.

— *les variétés de mi-saison*
- '**Adonis**' : hybride s'étalant beaucoup, dont les fleurs blanches ont des bords frangés.
- '**Cattleya**' : les petites fleurs rose très pâle ont le cœur blanc et les bords nuancés de lavande.
- '**Santa Maria**' : grandes fleurs orange vif.

— *les retardataires*
- '**Marlène Vuyk**' : azalée assez tardive, aux grandes fleurs doubles, rose foncé.
- '**Vuyk's Orange**' : hybride assez tardif, aux grandes fleurs orange.
- '**Vuyk's Rosyred**' : variété assez tardive, aux très grandes fleurs carmin lumineux.
- '**Vuyk's Scarlet**' : plante étalée donnant, assez tardivement, d'abondantes et très grandes fleurs rouge vif.
- '**Shishio**' : très tardive puisqu'elle épanouit en été de très grandes fleurs roses.
- '**Shishio Variegata**' : même variété que la précédente, différant par le feuillage panaché de jaune et de vert, et par le coloris des fleurs qui mêle le blanc et le rose.

■ Les azalées les plus grandes

Ces azalées japonaises de grande végétation se développent, avec une croissance lente, jusqu'à 1,50 m de haut. Dans cette catégorie, on ne retrouve pas de variétés à floraison hâtive. Parmi les meilleures azalées que vous pourrez trouver sans difficulté, citons :

— *les variétés de mi-saison*
- '**Beethoven**' : grandes fleurs lilas.
- '**Blauuw's Pink**' : une obtention européenne à grandes fleurs rose saumon nuancé de rose clair.
- '**Christina**' : grandes fleurs rouges.
- '**Florida**' : remarquable par sa floraison rouge vif.
- '**Orange Beauty**' : une des premières à épanouir d'assez grandes fleurs orange.

Azalée japonaise 'Kirin'.

- **'Palestrina** : floraison d'un blanc immaculé.
- **'Stewarstonian'** : fleurs rouge orangé vif.

– *les retardataires*
- **'Chelsoni'** : grandes fleurs mauve rosé.
- **'Dorine'** : les grandes fleurs rose foncé s'épanouissent fin mai-début juin.
- **'Macrantha'** : grandes fleurs saumon.
- **'Philinte'** : grandes fleurs rouge orangé.
- **'Tamabini'** : un hybride étonnant par sa floraison rouge brique.

En pratique

■ L'emplacement

Si les azalées caduques requièrent le plein soleil pour fleurir généreusement, c'est le contraire pour les azalées japonaises, dont la floraison se prolonge si elles sont en un lieu ombragé. En outre, ces azalées à feuillage persistant, moins rustiques que les caduques, exigent un emplacement protégé des vents froids.

■ La plantation

Azalée japonaise ou caduque, les besoins sont les mêmes en ce qui concerne la nature du sol : ces arbustes réclament une terre riche et acide, gardant sa fraîcheur en été. Pour les satisfaire, l'idéal est de mélanger deux volumes de terre de bruyère ou de terre de fougère pour un volume de tourbe brune ou de terreau de feuilles très bien décomposées. Si le sol comporte du calcaire, préparez une fosse isolée comme nous l'avons déjà expliqué (voir page 18). Pour chaque azalée, creusez un trou de 1 m de diamètre et de 30 à 40 cm de profondeur.
Si vous installez plusieurs pieds pour former un massif d'azalées, tenez compte du fait que ces arbustes s'étalent davantage qu'ils ne poussent en hauteur. Aussi, espacez chaque plant d'au moins 1 m à 1,50 m.
Comme pour le rhododendron, l'époque de plantation idéale est l'automne. Mais si vous avez « raté le coche », vous pouvez encore mettre en place l'azalée dès la mi-février, et ce jusqu'à sa période de floraison. Là aussi, veillez à ne jamais enterrer la motte. Les années suivant la mise en place, n'épandez pas de nouvelle couche de terre de bruyère : si vous procédez de la sorte, les racines

Taillez l'azalée japonaise juste après sa floraison.

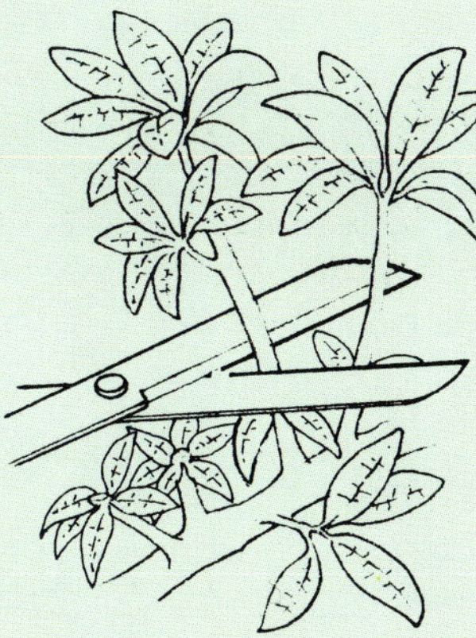

Coupez toutes les tiges dégingandées, mal placées... toujours audessus de feuilles ou de bourgeons.

TAILLEZ L'AZALÉE JAPONAISE

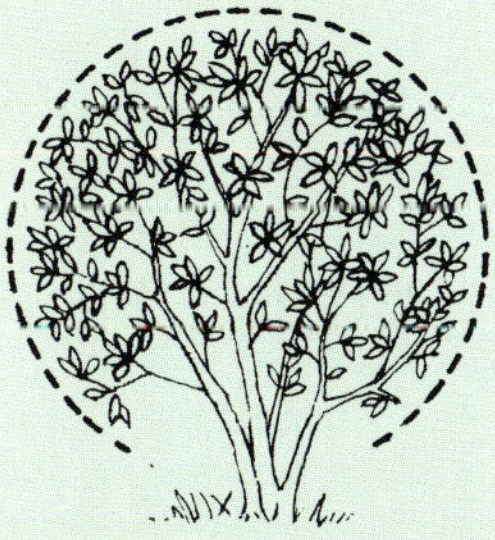

Vous pouvez donner à votre azalée japonaise toutes les formes que vous voulez : boule, pyramide...

MARCOTTEZ L'AZALÉE

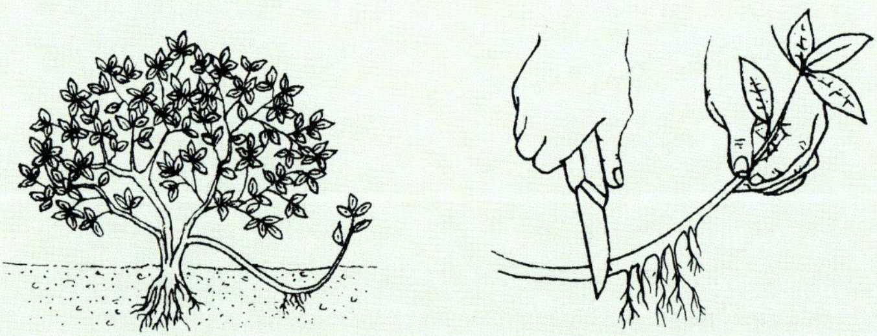

Le marcottage de l'azalée est souvent spontané : les branches basses s'enracinent seules dès qu'elles touchent le sol. Il suffit alors de tirer légèrement sur ces branches et de les couper juste après la naissance des racines.

Si le marcottage ne s'est pas produit naturellement, courbez une branche souple de la base. Maintenez-la en terre à l'aide d'un cavalier. Couvrez l'ensemble d'un mélange de terreau et de sable grossier à parts égales.

Dès que les racines sont formées, sevrez la marcotte (voir ci-dessus) et replantez la pousse en terre.

qui aiment pousser superficiellement, se trouveront trop en profondeur et la plante en pâtira.
Contentez-vous de prévoir un paillage d'écorces de pin ou de terreau de feuilles, durant toute la belle saison. Chaque automne, mettez au pied des azalées un engrais spécial pour plantes de terre de bruyère.

■ La taille

Chez ces deux types d'azalée, la taille n'a rien de nécessaire. Néanmoins, si vous désirez redonner une belle forme à des plantes qui émettent des tiges dégingandées, procédez juste après la floraison.
Retenez que :
— les azalées caduques exigent une taille minutieuse au sécateur, à la façon du rhododendron ;
— les azalées japonaises peuvent être taillées carrément à la cisaille, tout comme un buis.

UNE AZALÉE SUR TIGE

Toutes ces azalées, aussi bien les caduques que les japonaises, peuvent être formées sur tige. Pour cela, il faut opérer évidemment sur des plantes jeunes. Sur une petite azalée, sélectionnez une tige bien droite, et débarrassez-la de toutes ses ramifications latérales, de façon à ne laisser qu'un départ au sommet. Au fil des années, surveillez bien qu'il ne naisse pas de rameaux secondaires sur cette tige, et supprimez les bourgeons qui peuvent apparaître sur le tronc exactement comme lorsque vous pincez un pied de tomate.
Conduisez ainsi la tige jusqu'à ce qu'elle atteigne progressivement la hauteur désirée. Vous la laisserez alors se ramifier au sommet. Effet spectaculaire garanti !

■ Une multiplication simple

Tout comme le rhododendron, les azalées caduques et japonaises se multiplient par bouturage. Néanmoins le procédé le plus simple pour les propager reste le marcottage. La plupart du temps, il s'effectue spontanément, surtout chez les espèces tapissantes dont les branches de la base s'enracinent toutes seules dès qu'elles touchent le sol. Si c'est le cas, il vous suffit de tirer légèrement sur ces branches, de les couper juste après la naissance des racines. Mettez ensuite en place ces jeunes rameaux dans un mélange adéquat.
Si le marcottage ne s'est pas produit naturellement, provoquez-le : recouvrez un rameau souple de la base d'un peu de terre en sa partie médiane. Disposez au

besoin un cavalier pour que cette section reste enterrée. Et attendez : des racines ne vont pas tarder à naître à cet endroit. Vous n'aurez qu'à sevrer le rameau enraciné et à le replanter en un lieu bien choisi.

■ Les ennemis spécifiques

Outre les ennemis communs déjà signalés (voir page 24), deux maladies sont plus spécifiques aux azalées.

– *Les galles foliaires*
Cette maladie atteint les azalées japonaises à grandes feuilles. Les feuilles s'épaississent et se déforment avant de se colorer en rougeâtre puis de se couvrir d'une poussière blanche. Le responsable de ces galles foliaires, un champignon : *Exobasidium azaleae.*
Détruisez dans la mesure du possible toutes les feuilles atteintes en les brûlant. Pulvérisez en outre un fongicide à base de cuivre, de zirame ou de thirame. Renouvelez l'opération trois semaines après.

– *Le flétrissement*
Cette maladie sévit chez toutes les azalées en terre trop humide ou trop riche en azote. Un autre champignon, le *Phytophthora cinnamomi*, cause le dépérissement de la plante : les feuilles jaunissent et flétrissent, puis les racines pourrissent. Avant qu'il ne soit trop tard, déplacez l'azalée ou, à la rigueur, prévoyez un drainage avec du gravier et du sable grossier. Et pulvérisez de l'aliette sur le feuillage.

Azalée japonaise 'Hatsugiri'.

Rhododendron hybride 'Elizabeth'.

Les rhododendrons

Les rhododendrons constituent, eux aussi, un genre très vaste, aux multiples formes. Pour simplifier votre choix, nous les avons classés par taille, et par précocité de floraison. A l'intérieur de chaque subdivision, vous trouverez les espèces botaniques, celles qui poussent ou poussaient autrefois spontanément dans la nature, et les hybrides – tous plus beaux les uns que les autres –, qui sont le fruit du travail d'obtenteurs à partir de croisements d'espèces.

Les rhododendrons nains

A l'âge adulte, ces rhododendrons ne dépassent pas 40-60 cm de hauteur, avec une belle silhouette arrondie. Ils sont donc tout à fait indiqués comme couvre-sol, en bordure des massifs de plantes de terre de bruyère, sur un talus...

■ Les espèces botaniques

• *Rhododendron impeditum* : un rhododendron très compact, d'allure prostrée, aux feuilles minuscules et aux fleurs bleu légèrement pourpré, en avril-mai. Cette espèce supporte un sol légèrement calcaire ;
• *Rhododendron intricatum* : une espèce peu courante, aux petites feuilles aromatiques très fournies, à floraison bleu lavande en avril-mai. Elle est à l'origine de ce joli coloris lavande chez l'hybride 'Bluebird' ;
• *Rhododendron nakaharai* : rhododendron rampant assez rare, dont les fleurs rouge brique foncé s'épanouissent tard, en début d'été.

■ Les hybrides

Attention aux rhododendrons prétendus nains par certains pépiniéristes et qui s'avèrent trop vigoureux pour supporter la culture en bac.

— *les premiers à fleurir*
Ils fleurissent dès mars-avril pour le premier, en avril pour les autres.
• '**Elizabeth**' : hybride au port étalé et au feuillage vert lumineux qui, en mars-avril, épanouit de grandes fleurs rouge sang, groupées par 5 ou 6.
• '**Pink Drift**' : floraison rose-parme, début avril. Les feuilles sont petites.
• '**Baden-Baden**' : dès l'automne, elle forme des boutons brun rougeâtre s'ouvrant en rouge écarlate, en avril. Le feuillage est vert foncé.
• '**Carmen**' : fleurs écarlate foncé en avril.

— *les retardataires*
Avril-mai est la période de floraison pour les premiers hybrides nains, les derniers attendant mai pour s'épanouir.
• '**Elizabeth Hobbie**' : un rhododendron au port étalé, qui s'épanouit en avril-mai. Les fleurs, d'un rouge écarlate plus clair que celui de 'Baden-Baden', sont groupées par 6 à 10 en bouquets.
• '**Moerheim**' : un hybride très rustique, ouvrant des fleurs bleu-lilas en avril-mai. Les feuilles sont brillantes. Il tolère un sol légèrement calcaire.

• **'Scarlet Wonder'** : intéressant par son feuillage ridé et ses fleurs fripées, rouge rubis, venant en mai.
• **'Chikor'** : généreuse floraison jaune en mai, avec de petites feuilles.

Les formats moyens

Ces rhododendrons culminent à 1,50 m voire 2 m de haut. De ce fait, ils conviennent également à la plantation dans de grands bacs. Si vous les installez en massifs, respectez des espacements de 1 m à 1,20 m entre chaque pied.

■ Les espèces botaniques

Voici trois rhododendrons botaniques de taille modérée. Vous pouvez les retenir pour leur vigueur, leur facilité de culture et le côté naturel de leur floraison, qui ne sera toutefois pas aussi prolifique que celle des hybrides.
• *Rhododendron hippophæoides* : en Chine, il pousse spontanément dans les marais. Les feuilles présentent un revers argenté. Les fleurs naissent en avril, sur des grappes lilacées.
• *Rhododendron williamsianum* : également originaire de Chine, avec une floraison rose pur en avril. Le port est étalé, les feuilles en forme de cœur et les jeunes pousses bronze. Cette espèce a donné naissance à de nombreux hybrides qui, comme elle, résistent tous en sol un peu calcaire.
• *Rhododendron yakushimanum* : une splendide espèce qui a engendré toute une race d'hybrides rustiques. Les boutons roses éclosent des fleurs rose pâle puis blanches ; les jeunes pousses naissent argentées.

■ Les hybrides

Dans ces rhododendrons au développement moyen, figurent entre autres tous les hybrides de *Rhododendron williamsianum* et *yakushimanum* (voir p. 52).

– les premiers à fleurir
Les premiers hybrides fleurissent dès février, les derniers en avril.
• **'Praecox'** : la palme de la précocité, puisque cet hybride épanouit des fleurs mauves dès février-mars. Son feuillage dégage un arôme puissant lorsqu'on le froisse.
• **'Chink'** : fleurs vert chartreuse en mars.

• **'Bluebird'** : la floraison bleu-violet se produit en avril. Les feuilles sont petites et aromatiques.
• **'Blue Diamond'** : fleurs bleu lavande en avril. La plante croît lentement.
• **'Yellow Hammer'** : hybride moyennement rustique, épanouissant une nuée de petites clochettes jaunes en avril.
• **'Bow Bells'** : les boutons rose-cerise ouvrent des clochettes rose nacré. Les jeunes pousses sont cuivrées, les feuilles arrondies.
• **'Gartendirektor Glocker'** : les boutons rouge carmin dévoilent des fleurs d'un rose foncé nuancé de rouge. Cet hybride supporte un sol légèrement calcaire.

— les variétés de mi-saison

Voici les meilleurs hybrides fleuris en mai ; vous les trouverez sans difficulté dans la plupart des pépinières.
• **'Karin'** : floraison rose, plus claire au centre. Cette variété convient à une terre légèrement calcaire.
• **'Oudijk's Sensation'** : grandes inflorescences composées de 5 à 7 clochettes roses. Cet hybride tolère un sol légèrement calcaire.
• **'Blue Tit'** : hybride au port arrondi, superbe par sa floraison bleu lavande. Il supporte un sol légèrement calcaire.
• **'Bambi'** : les fleurs, rouges, s'ouvrent rose teinté de jaune.
• **'Vintage Rose'** : les boutons rose vif dévoilent des fleurs rose pâle.
• **'Pink Cherub'** : fleurs rose vif lavé de rose plus clair.
• **'Dora Amateis'** : unique par sa floraison d'un blanc immaculé. En outre, le feuillage fin, vert vif, est de toute beauté. Cet hybride moyennement rustique doit être protégé du froid.
• **'Goldsworth Yellow'** : superbe floraison jaune primevère, rayé de marron, après des boutons abricot rosé. Cet hybride s'étale davantage qu'il ne pousse en hauteur. Placez-le devant le grand rhododendron 'Purple Splendour', qui fleurit en même temps.

— les retardataires

Ces hybrides attendent la fin mai pour s'épanouir.
• **'Jock'** : floraison rose soutenu, fin mai. Cet hybride supporte un sol légèrement calcaire.
• **'Percy Wiseman'** : fleurs rose saumoné, éclairé de rose et de blanc crème.
• **'Doc'** : un hybride vigoureux au feuillage vert clair et à floraison rose clair nuancé de rose tendre.

Rhododendron hybride 'Praecox'.

LES HYBRIDES DE YAKUSHIMANUM

Ces hybrides ont été obtenus récemment, après la Seconde Guerre mondiale. L'espèce type, qui a conduit à ces croisements, ne prolifère que sur l'île Yakushima, au Japon. Ces hybrides s'avèrent précieux par leur rusticité, leur beau feuillage et leur floraison spectaculaire en mai, plus ou moins tôt selon les variétés. En outre, du fait de leur développement réduit – entre 1 m et 1,50 m de haut –, ce sont les rois des plantations en pots. Dans la liste des rhododendrons de format moyen, les hybrides de *Rhododendron yakushimanum* sont :

- 'Bambi',
- 'Doc',
- 'Percy Wiseman',
- 'Pink Cherub',
- 'Vintage Rose'.

LES HYBRIDES DE WILLIAMSIANUM

Découvert au début du siècle en Chine, le *Rhododendron williamsianum* est le parent de nombreux hybrides nains – entre 1 m et 1,50 m de haut. Ceux-ci ont conservé la silhouette mi-sphérique de l'espèce botanique, ainsi que ses feuilles typiques en cœur et ses fleurs en clochette. Comme elle également, ils tolèrent un sol un peu calcaire.

Les hybrides décrits ci-dessus sont :

- 'Gartendirektor Glocker',
- 'Jock',
- 'Karin',
- 'Oudijk's Sensation'.

Les grands rhododendrons

Ces rhododendrons peuvent atteindre plus de 3 m de hauteur. Les exemplaires les plus grands doivent être considérés comme de vrais arbres, tant leur développement s'avère important au fil des années. Ils ne conviennent évidemment pas en bac : ils trouvent leur place uniquement en pleine terre. A la plantation, prévoyez un grand espace entre chaque pied : de 1,50 m à plus de 5 m selon la vigueur des plants.

■ Les espèces botaniques

Ces rhododendrons botaniques géants sont classés par la précocité de la floraison, dont la date est estimée en climat moyen (type Ile-de-France).

• *Rhododendron arboreum* : un rhododendron gigantesque (6 à 12 m de haut), le premier à venir de l'Himalaya. Il s'avère rustique uniquement dans le Midi et sur le littoral ouest, jusqu'à Cherbourg. Les feuilles vertes (20 cm de long), lisses et brillantes, ont un revers argenté. La floraison se produit entre janvier et avril, selon la clémence de l'hiver. Sur les plantes âgées, elle est spectaculaire par son coloris rouge sang.

• *Rhododendron sutchuenense* : une espèce impressionnante par sa vigueur (plus de 3 m de haut), et ses feuilles énormes (jusqu'à 30 cm de long). Ce rhododendron est originaire de Chine. Dès février-mars, il éclôt des fleurs aux grandes clochettes variant du rose pâle au rose-lilas avec des taches pourpres.

• *Rhododendron lutescens* : une charmante espèce exigeant une certaine protection du fait de sa floraison jaune, hâtive — dès février. Les jeunes feuilles naissent rouge foncé. Ce rhododendron peut atteindre 3 m de haut.

• *Rhododendron macabeanum* : exceptionnel par sa taille (plus de 10 m de haut à l'âge adulte), ses énormes feuilles lustrées au revers gris feutré et sa floraison jaune pâle, taché de pourpre, en mars-avril, pour les plantes âgées. Ce rhododendron asiatique, moyennement rustique, requiert un lieu ombragé, abrité des vents froids, et un sol frais tout l'été.

• *Rhododendron sinogrande* : une espèce originaire de Chine, offrant également une croissance exubérante (plus de 6 m de haut), avec des feuilles immenses, vert foncé, au revers gris argenté. Les fleurs crème, éclaboussé de cramoisi, naissent en avril. Un rhododendron moyennement rustique, à cultiver dans un lieu ombragé dont le sol reste frais tout l'été.

• *Rhododendron ponticum* : une espèce spontanée dans nos sous-bois. Vigoureuse, elle peut atteindre jusqu'à 5 m de haut, avec un port dressé mais tout de même bien étalé. En mai-juin, ce rhododendron donne une abondante floraison mauve foncé. Cette espèce a engendré de nombreux hybrides beaucoup plus florifères.

■ Les hybrides

Différencions la panoplie des hybrides par taille :
— ceux qui forment de puissants arbustes compris entre 2 et 3 m de haut ;
— ceux qui deviennent de vrais arbres de plus de 3 m de haut.

– les grands arbustes

Ces hybrides sont vraiment les rois des massifs. Mariez-en donc plusieurs ensemble, et pour un bel effet, bordez-les de rhododendrons de taille plus petite, voire d'azalées japonaises.

Les premiers à fleurir

Ces hybrides sont en fleur dès avril.

• **'Président Roosevelt'** : intéressant par les marbrures blanches et jaunes de ses feuilles vert foncé. Les fleurs sont rouge cerise avec le centre blanc.

• **'Unique'** : une jolie floraison jaune, teinté d'orange, avec le bord des pétales ondulé, alors que les boutons sont rose crevette.

Les variétés de mi-saison

• **'Blue Peter'** : vigoureux hybride très florifère, au port dressé. Les fleurs, d'un bleu lavande pâle, sont mouchetées de brun-pourpre.

• **'Britannia'** : bien connu pour sa somptueuse floraison rouge vif, cet hybride de croissance lente forme un buisson arrondi, généralement plus large que haut. Il s'avère très résistant au vent.

• **'Betty Wormald'** : un hybride magnifique par ses immenses bouquets de grandes fleurs, aux bords ondulés, cramoisies en boutons, s'ouvrant rose foncé avec un centre rose clair et des marques brunâtres.

• **'Hugh Koster'** : grandes fleurs rouge feu, marqué de noir. Cet hybride à silhouette érigée revêt un feuillage aux bords légèrement ondulés.

• **'Madame A.T. de la Mare'** : de grandes fleurs blanches, parfumées, légèrement pointillées de jaune-vert.

• **'Souvenir de Dr S. Endtz'** : les boutons rose vif ouvrent des fleurs rose foncé, marqué de cramoisi.

Les retardataires

Le premier s'épanouit à la mi-juin, tandis que le second attend le début juillet pour fleurir (toujours en climat moyen, type Ile-de-France).

• **'Lord Roberts'** : les fleurs cramoisi foncé sont marquées de noir. Cet hybride offre un port érigé.

• **'Marcel Menard'** : fleurs violet foncé, maculé de jaune-brun.

– les hybrides géants

Pensez que ces vigoureux hybrides géants peuvent dépasser 3 m de hauteur, et tout autant de diamètre. Même s'ils mettent une vingtaine d'années avant d'acquérir ces dimensions, songez à les espacer suffisamment dès la plantation :

Rhododendron hybride 'Blue Tit'.

tous les 5 à 6 m si vous regroupez plusieurs variétés. Pour camoufler le sol en attendant que les rhododendrons s'étalent, songez aux vivaces (digitale, hosta, primevère...), ou prévoyez des couvre-sols comme le *Leucothoe fontanesiana* ou le *Houttuynia cordata* : vous vous débarrasserez de ces plantes et les placerez ailleurs quand les rhododendrons auront pris de l'ampleur.

Les premiers à fleurir

Ces hybrides sont en fleur dès la fin avril (en climat de type Ile-de-France).

• '**Jean Mary Montague**' : un hybride au port dressé et à la splendide floraison d'un rouge lumineux,

• '**King George**' : hybride de *Rhododendron loderi*, fameux pour la grandeur et le parfum de ses fleurs blanches, dont la base est vert pâle et les boutons d'un rose doux.

Les variétés de mi-saison

Tous ces hybrides fleurissent de mai à la mi-juin. Les voici classés par précocité de floraison.

• '**Pink Pearl**' : les fleurs rose-lilas, marqué de cramoisi, prennent un ton blanc en fanant.

• '**Vulcan**' : superbe floraison rouge vif en mai.

• '**Cynthia**' : un hybride vigoureux, parmi les plus faciles à réussir en tout lieu. Les grandes fleurs sont rose vif, chacune étant finement rayée de cramoisi pourpre.

• '**Sappho**' : un rhododendron très florifère, à la silhouette arrondie ou en dôme. Les boutons mauves dévoilent des fleurs blanc maculé de pourpre.

• '**Scintillation**' : floraison rose clair, maculé de jaune ocre.

• '**Boursault**' : un hybride vigoureux de *Rhododendron catawbiense*, à fleurs lilas teinté de rose.

• '**Purple Splendour**' : robuste hybride de *Rhododendron ponticum*, au port érigé, aux fleurs pourpre foncé, rayé de noir. Associez ce rhododendron à une bordure constituée de 'Goldsworth Yellow', qui fleurit en même temps.

Les retardataires

Ces hybrides géants s'épanouissent au tout début de l'été dans un climat moyen type Ile-de-France.

• '**Anna Rose Whitney**' : remarquable par ses très grandes fleurs rose carminé.

• '**Gomer Waterer**' : autre hybride de *Rhododendron catawbiense*, à grandes fleurs blanc teinté de mauve pâle. Les feuilles sont très grandes et coriaces.

• '**Caractacus**' : grandes fleurs rouge pourpre.

Rhododendron hybride 'Purple Splendour'.

En pratique

■ L'emplacement

Le rhododendron se plaît en un lieu mi-ombragé. Dans le nord de la France, vous pouvez toutefois l'installer en plein soleil, à deux conditions : l'emplacement ne doit pas être brûlant (pas question d'un mur plein sud, par exemple, le rhododendron doit se trouver en un lieu aéré et dégagé) et le sol doit rester frais tout au long de l'été, sans excès d'humidité que cette plante ne tolère pas. Le bord d'un ruisseau ou d'une pièce d'eau constitue un emplacement de choix, avec les mêmes réserves concernant l'état du sol.
Sachez aussi que le rhododendron est très planté en ville, car il tolère bien la pollution atmosphérique. Adoptez-le donc sans hésiter dans un jardin citadin, et prenez tout de même la précaution de vaporiser régulièrement son feuillage afin de favoriser sa respiration.

■ La plantation

Comme tous les arbustes persistants, le rhododendron peut se planter à deux époques : en automne, et au printemps à partir de la mi-février jusqu'à la floraison. Pour assurer la meilleure reprise possible, préférez cependant une mise en place dès septembre.
Dépotez l'arbuste avec le plus grand soin afin d'éviter de briser la motte. Au besoin, si cette dernière semble desséchée, plongez-la dans un bac d'eau, juste avant le dépotage. Rappelez-vous qu'il ne faut en aucun cas tenir la plante par le tronc, mais sous la motte (voir généralités page 14).
Le rhododendron exige un sol acide et riche en humus. Cependant, la plupart des espèces asiatiques, dont les *Rhododendron yakushimanum* et *williamsianum* (voir encadrés), ainsi que leurs hybrides, tolèrent un sol légèrement alcalin : le pH peut aller jusqu'à 7,5.
Creusez un large trou (1 m de diamètre, 1,50 m pour les espèces au développement le plus exubérant) mais peu profond (40-50 cm). En terrain calcaire, prévoyez une fosse tapissée comme nous l'avons déjà évoqué (voir page 18). Remplissez-la d'un mélange de terre de bruyère (2/3) et tourbe brune (1/3). Installez la motte de façon que sa surface vienne juste au niveau du sol, et évitez de piétiner la terre au pied de l'arbuste. Epandez une poignée d'engrais acidifiant spécial pour plantes de terre de bruyère. Par la suite, renouvelez cet apport une fois l'an, chaque automne.

Rhododendron hybride 'Gomer Waterer'.

Arrosez copieusement juste après la plantation, et durant le premier hiver si le temps est sec.

DE L'EAU MÊME EN HIVER Le rhododendron se montre particulièrement gourmand en eau, surtout durant sa période de floraison et de croissance en été. Mais si la sécheresse s'éternise durant la mauvaise saison, inspectez avec soin vos rhododendrons, même les pieds âgés, et à plus forte raison ceux cultivés en bac. Arrosez-les avant que les signes de soif (feuilles s'enroulant et se fanant) ne se manifestent.

ATTENTION, FEUILLAGE TOXIQUE Eloignez les enfants de moins de 5 ans des rhododendrons. Leur feuillage est en effet toxique, à un degré moindre heureusement que celui du laurier-rose. Les troubles se manifestent par des vomissements, des vertiges, du délire. Prenez donc soin de vous laver les mains plutôt deux fois qu'une après avoir planté ou taillé un rhododendron.

■ La taille

La taille s'avère absolument inutile pour ce genre. Néanmoins, si vous souhaitez rabattre un rhododendron âgé trop exubérant, ou si vous désirez le rajeunir, procédez immédiatement après la floraison. Ne commettez pas l'erreur de le tailler en automne ou en hiver : vous seriez alors privé de fleurs au printemps suivant. Pour comprendre où tailler, observez la croissance de votre rhododendron. Vous serez surpris de constater qu'il se développe en étage, ou plus exactement en chandelier. A l'extrémité de chaque tige ayant porté une fleur, naît un rameau droit terminé par un « bouquet » de feuilles. Au bout de ce rameau, dès le mois d'août, naissent 3 ou 4 ramifications, terminées par un toupet de feuilles au milieu duquel pointe un futur bouton floral.
Pour rajeunir votre rhododendron, taillez-le juste au-dessus de l'emplacement d'une ancienne fleur. D'une fleur de l'année précédente s'il s'agit d'une coupe légère ; d'une fleur datant de deux, voire trois ans pour un rabattage plus sévère. Taillez juste après la floraison pour que le rhododendron ait le temps de refaire les rameaux successifs qui porteront les bourgeons des fleurs du printemps prochain. Taillez toujours juste au-dessus d'une feuille pour conserver un aspect bien propre à votre arbuste.

TAILLEZ LE RHODODENDRON

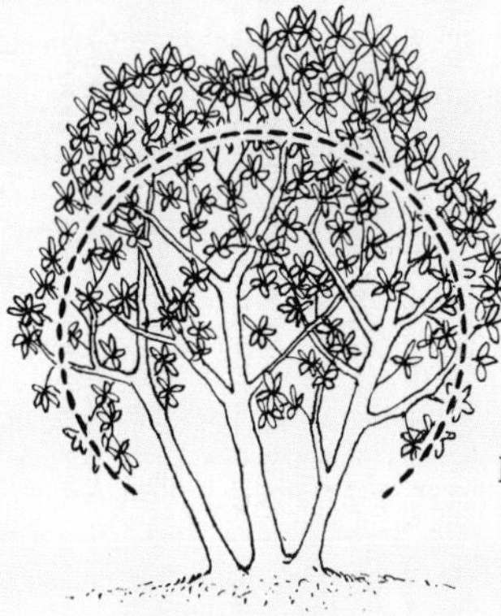

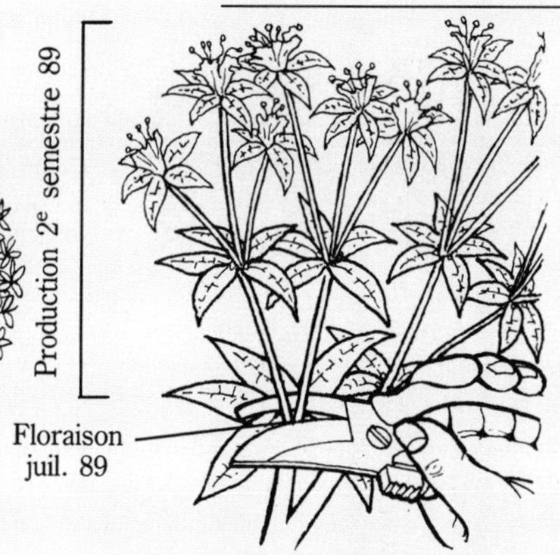

Ne taillez le rhododendron que s'il devient trop exubérant ou si vous souhaitez le rajeunir. Procédez juste après la floraison. Rabattu à environ 1 m du sol, un rhododendron ne refleurit que 2 ou 3 ans plus tard.

Votre rhododendron a épanoui une fleur, au printemps 89. Cette fleur a été pincée. Suite à ce pincement, un rameau est né, portant un toupet de feuilles duquel se sont développées 2 ou 3 tiges porteuses de boutons floraux (dès l'hiver 89-90). Chez un rhododendron jeune, vous auriez laissé cette production florale. Mais sur le sujet âgé que vous souhaitez rajeunir, vous taillez au niveau de la fleur de 89, ou plus bas encore, au-dessus des attaches de 88 ou 87.

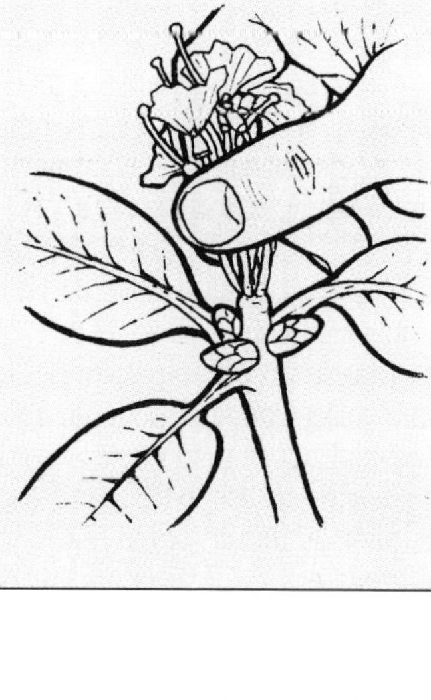

PINCEZ LES FLEURS FANÉES

Après la floraison, supprimez les fleurs fanées : prenez-les entre le pouce et l'index et tirez pour les casser. Vous favoriserez ainsi la naissance de nouveaux boutons floraux.

BOUTUREZ LE RHODODENDRON

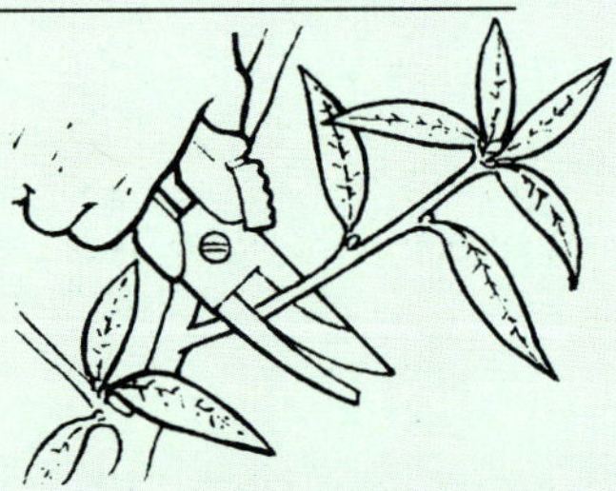

Fin août-début septembre, prélevez des pousses d'extrémité de 5-7 cm de longueur, mi-aoûtées (le bois n'est pas encore dur).

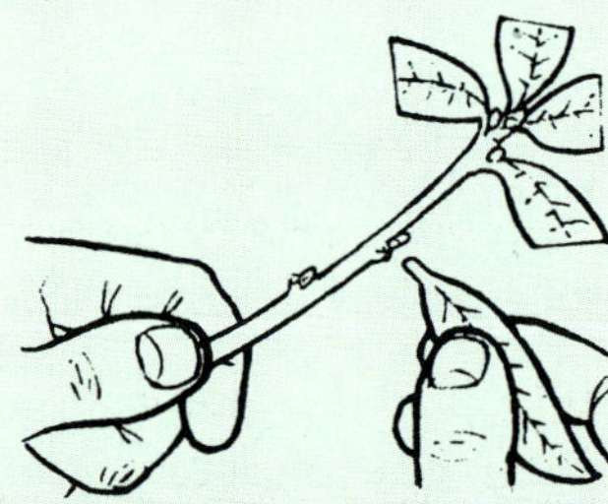

Effeuillez la base des pousses prélevées. Coupez la moitié des feuilles d'extrémité restantes.

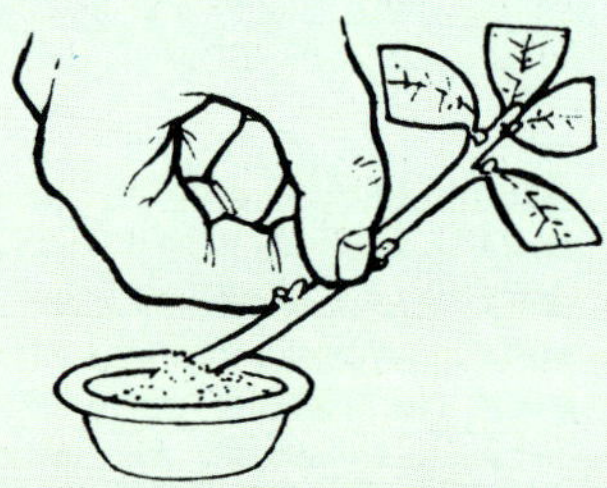

Badigeonnez la base des boutures de poudre d'hormones d'enracinement pour favoriser la reprise.

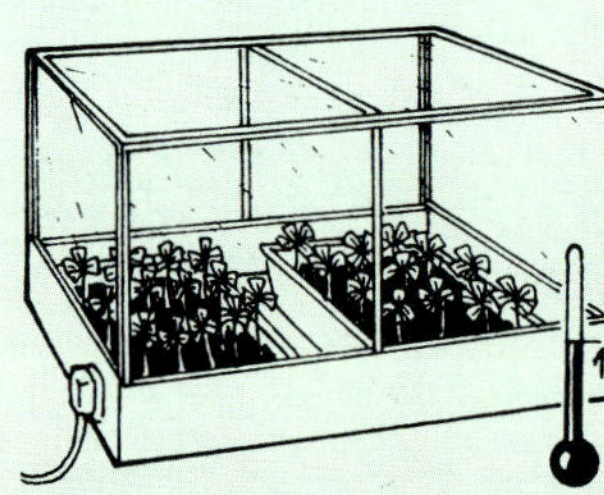

Plantez les boutures dans une terrine garnie d'un mélange de tourbe et de sable grossier à parts égales. Sous la mini-serre, maintenez une température de 18° C.

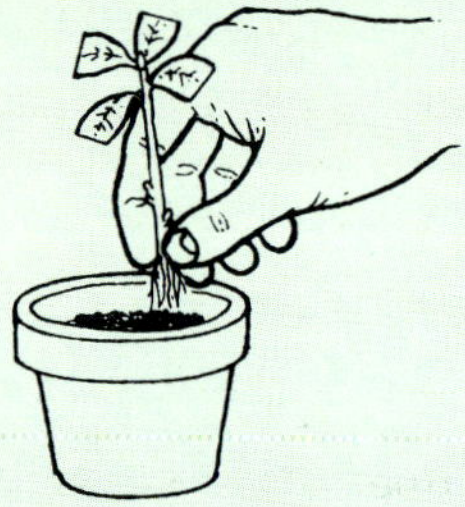

A l'apparition des racines, rempotez chaque bouture dans un pot de 8 cm de diamètre, dans un mélange plus riche : 1/2 tourbe, 1/2 terreau.

Hivernez ces pots sous châssis froid.

PINCEZ LES FLEURS FANÉES La seule taille que vous pouvez pratiquer chaque année sur votre rhododendron, se résume en fait à un pincement, celui des fleurs fanées. Efforcez-vous d'enlever à la main, dans la mesure du possible, le plus grand nombre de fleurs fanées. Vous favoriserez alors la naissance de nombreux boutons floraux et bénéficierez d'une généreuse floraison l'année suivante.

■ Une multiplication simple

Le marcottage s'effectue parfois spontanément chez le rhododendron. Vous pouvez aussi le provoquer presque aussi aisément qu'avec l'azalée (voir page 43) en enterrant un rameau souple de la base et en incisant l'écorce sur 3 cm, là où vous souhaitez voir apparaître les racines.
Hormis le marcottage, vous pouvez bouturer facilement le rhododendron à une condition : que vous possédiez une mini-serre de multiplication. Fin août-début septembre, prélevez des pousses d'extrémité de 5 à 7 cm de longueur : elles sont mi-aoûtées, c'est-à-dire que le bois n'a pas encore durci. Effeuillez-les à la base si besoin est, et coupez à moitié les feuilles du sommet de chaque bouture. Favorisez l'enracinement en badigeonnant la base des boutures d'une poudre d'hormones d'enracinement. Plantez les boutures ainsi habillées et poudrées dans une terrine au mélange léger (tourbe et sable grossier à parts égales). Maintenez-les au chaud (18 °C sous mini-serre) jusqu'à l'apparition de racines. Rempotez alors une bouture par pot dans un mélange plus riche, contenant du terreau, et hivernez ces pots à l'abri d'un châssis froid.

■ Les ennemis spécifiques

Outre les problèmes communs aux plantes de terre de bruyère déjà évoqués dans la première partie (voir page 24), le rhododendron, malgré son extrême résistance, est sujet à deux ennemis.

— *une maladie*

Le phytophthora

Si vous cultivez un rhododendron dans une terre trop humide ou trop riche en azote, un champignon, le *Phytophthora cinnamomi*, a toutes les chances de se propager sur des rameaux morts. La maladie provoque le jaunissement puis la chute des feuilles, ainsi que le pourrissement des racines et du collet. Dès les premiers signes d'attaque du champignon, éliminez tout le bois contaminé et brûlez-le. Prévoyez en outre plusieurs traitements de la plante à l'aliette : deux, voire trois pulvérisations espacées de 3 semaines.

– *un insecte*

Le tigre du rhododendron

Cet insecte piqueur, *Stephanitis rhododendri*, ne se manifeste pas de la même façon sur toutes les variétés. Symptôme : les feuilles jaunissent sous forme de marbrure et leur revers est tapissé de mouchetures noires. En cas d'attaque sérieuse, la végétation est ralentie et les feuilles tombent.

On observe jusqu'à trois générations de ce tigre par an, les premiers adultes pullulant dès le mois de mai. Dès l'apparition des premières colonies, luttez avec une bouillie à base de parathion : pulvérisez-la bien au revers des feuilles.

SI LES FEUILLES S'ENROULENT

Que le rhododendron ait froid ou soif, se produit le même symptôme : les feuilles s'enroulent pour prendre quasiment l'aspect d'une aiguille à tricoter ! Il ne faut s'inquiéter en aucun cas. Il s'agit d'une défense naturelle de la plante.

Les feuilles redeviennent normales après les gelées ou après un bon arrosage.

Rhododendron campylocarpum.

Camellia x williamsii 'Inspiration'.

Les camellias

Le camellia appartient à la famille des Théacées et compte le théier ou arbre à thé (*Camellia sinensis*) parmi ses représentants. Tous ces arbustes se caractérisent par de jolies feuilles vernissées persistantes, un bois extrêmement raffiné (permettant la fabrication de meubles), et des fleurs intéressantes par leur éclosion hivernale, plus ou moins tôt selon les espèces. Ainsi, le *Camellia sasanqua* est le premier à fleurir puisque ses innombrables variétés s'épanouissent dès septembre et durant tout l'automne. Vous êtes sans doute plus familiarisé avec le camellia en fleurs avant les premiers jours du printemps : il s'agit alors du *Camellia japonica* ou du *Camellia* x *williamsii* et de leurs hybrides.

En fleur dès l'automne

L'automne est la saison du *Camellia sasanqua*, introduit en Europe en 1811, peu après son cousin, *Camellia japonica*, apporté sur notre continent dès 1739.

■ Le camellia sasanqua

Parfaitement rustique, cette espèce exige toutefois le plein soleil pour bien fleurir, ainsi que la protection d'un mur bien orienté : faute de cette protection, les fleurs risquent être endommagées par les gelées.
Le *Camellia sasanqua* est très vigoureux et se développe rapidement à tel point qu'il se prête bien au palissage contre un mur : choisissez de préférence une façade qui soit orientée à l'ouest.
Les fleurs des hybrides de *Camellia sasanqua* sont presque plus petites que celles du camellia courant, le *Camellia japonica*, mais elles présentent l'avantage d'être parfumées. La floraison se produit dès septembre chez les hybrides les plus hâtifs, et jusqu'en avril chez les tardifs. Voici les principaux camellias disponibles dans les pépinières, classés par coloris et par précocité de floraison.

— *les blancs*
Ces quatre hybrides épanouissent tous des fleurs simples, très hâtivement :
• '**Day Dream**' : grandes fleurs bordées de rose vif, aux pétales ondulés.
• '**Narumi-gata**' : une fleur très odorante, tout juste nuancée de rose au revers des pétales. Ce camellia vigoureux a une silhouette érigée.
• '**Rainbow**' : fleurs nuancées de rose.
• '**Versicolor**' : les fleurs parfumées, simples, de taille moyenne, ont le revers et le bout des pétales rose vif.

— *les roses*
Tous ces hybrides offrent une floraison très hâtive :
• '**Jean May**' : petites fleurs odorantes, rose tendre, semi-doubles, avec des pétales imbriqués (voir encadré page 70).
• '**Maiden's Blush**' : la floraison parfumée, simple, rose clair, rappelle celle de la clématite. Cet hybride très vigoureux peut former des haies en plein soleil.
• '**Plantation Pink**' : les grandes fleurs simples, roses, sentent bon. Ce camellia vient en plein soleil.
• '**Sparkling Burgundy**' : un rose fuchsia pour ce camellia aux grandes fleurs en forme de pivoine ou péoniformes (voir encadré page 70).

Camellia sasanqua 'Rubra'.

• **'Vicomte de Noailles'** : petites fleurs parfumées, simples, d'un rose carminé très vif. Un hybride très vigoureux qui accepte le plein soleil.

— *les rouges*
Trois hybrides à fleurs simples :
• **'Crimson King'** : très hâtif, à fleurs rouge vif avec des étamines jaunes.
• **'Rubra'** : très florifère, à fleurs rouge légèrement sombre.
• **'Yuletide'** : un hybride plus tardif, dont les petites fleurs, légèrement parfumées, rouge vermillon vif, sont éclairées d'un gros bouquet d'étamines jaunes.

TROIS TYPES DE FLEURS DOUBLES

Outre les formes aux fleurs simples et semi-doubles, le camellia se singularise par trois types de fleurs doubles, selon les hybrides :
— péoniformes (en forme de pivoine), aux pétales irréguliers ;
— en forme d'anémone, les pétales de la périphérie, étalés sur une ou plusieurs rangées, étant beaucoup plus grands que ceux du centre, comme chez la fleur de l'anémone ;
— imbriquées, dont les pétales réguliers se recouvrent les uns les autres.

En fleur à la fin de l'hiver

Ces camellias s'épanouissent de février-mars à mai. Avec évidemment des variations suivant les hybrides et selon la région : ainsi, le même camellia fleurit en Bretagne avec souvent un bon mois d'avance par rapport à la région parisienne. Les vedettes de la fin de l'hiver sont les innombrables hybrides des *Camellia japonica* et *Camellia* x *williamsii*.

■ Le camellia japonica

Originaire du Japon et de Corée, cette espèce aux feuilles foncées, brillantes, a en effet donné lieu à de nombreux croisements qui se chiffrent par milliers ! En voici les meilleurs représentants.

Camellia japonica 'Mathotiana Rosea'.

— *les blancs*

Les premiers à fleurir

• **'Nobilissima'** : un des premiers à fleurir. Les fleurs, péoniformes, sont souvent ombrées de jaune. L'arbuste, de taille moyenne, présente une silhouette plutôt érigée.

• **'Alba Plena'** : les grandes fleurs doubles ont des pétales imbriqués. La plante, vigoureuse, a une croissance érigée. La floraison est assez hâtive.

• **'Fimbriata Alba'** : hybride hâtif de rusticité moyenne. Les fleurs, d'un blanc immaculé, sont imbriquées et présentent une bordure de pétales frangés (ou fimbriés).

Les hybrides de mi-saison

• **'Madame Lourmand'** : de grandes fleurs simples, aux étamines jaunes. Un hybride assez hâtif.

• **'Justine Heurtin'** : grandes fleurs imbriquées.

• **'Compacta Alba'** : les fleurs imbriquées viennent à mi-saison.

• **'Il Cygno'** : un hybride italien, à fleurs blanches imbriquées. L'arbre offre une silhouette trapue.

• **'Le Lys'** : hybride à grandes fleurs semi-doubles.

Les tardifs

• **'Yukibotan'** : vigoureux hybride assez tardif, dont les fleurs sont de semi-doubles à péoniformes. La silhouette est érigée.

• **'Madame Charles Blard'** : un camellia tardif, à port assez étalé, et croissance moyenne. Les fleurs sont énormes et péoniformes.

• **'Mathotiana Alba'** : hybride tardif et vigoureux, avec des feuilles larges et de grandes fleurs imbriquées, rarement tachées de rose.

• **'Mont Blanc'** : des fleurs blanches, péoniformes, pour ce camellia tardif.

• **'De la Reine'** : les fleurs présentent quelques pétales légèrement maculés de rose. Elles sont imbriquées, souvent l'objet de mutations (changement de coloris) et éclosent tardivement.

— *les roses*

Les premiers à fleurir

• **'Gloire de Nantes'** : un hybride très tardif, à très longue floraison. Les fleurs rose vif sont grandes et semi-doubles, avec des étamines apparentes.

• **'Chandleri Elegans'** : camellia assez hâtif dont les grandes fleurs en forme d'anémone font de merveilleux bouquets. Elles sont d'un rose lumineux, parfois tacheté de blanc. Les mutations sont assez fréquentes.

Les hybrides de mi-saison

• **'Chardonneret'** : les fleurs imbriquées sont rose carné, saupoudré de carmin. Les mutations sont fréquentes.

• **'Lady Clare'** : remarquable par son port étalé, presque pleureur, et sa croissance vigoureuse. La fleur est grande et semi-double. Son coloris : pêche foncé. Ce camellia exige une situation abritée.

• **'Dr Tinsley'** : fleurs semi-doubles, rose pâle, ombré de rose foncé au bord. La silhouette est érigée, la végétation bien touffue.

Les tardifs

• **'Fleur de Pêcher'** : ('Peach Blossom' en anglais) : petites fleurs semi-doubles, rose tendre. Cet hybride vigoureux montre un port étalé.

• **'Mathotiana Rosea'** : de grandes fleurs imbriquées, rose vif, se formant bien, souvent sujettes aux mutations. Les feuilles sont grandes, l'arbuste touffu et vigoureux, avec un port érigé.

• **'Triomphant'** : fleurs péoniformes rose vif, piqueté de blanc.

— *les rouges*

Les premiers à fleurir

• **'Madame Martin Cachet'** : un hybride très florifère, se prêtant bien à la culture en pot. Les fleurs rouge cerise sont grandes et péoniformes.

• **'Général Leclerc'** : un vigoureux camellia, assez hâtif, à très longue et généreuse floraison. Les fleurs, grandes et péoniformes, sont rouge foncé.

Les hybrides de mi-saison

• **'Adolphe Audusson'** : vieil hybride, vigoureux et très florifère, qui a fait ses preuves. Grandes fleurs semi-doubles, rouge vif avec des étamines jaune au centre.

• **'Imbricata Rubra'** : fleurs imbriquées, d'un rouge clair lumineux. Ce camellia présente une silhouette étroite et allongée.

• **'Kramer's Supreme'** : intéressant par le parfum de ses grandes fleurs péoniformes, rouge vif.

• **'Coquetti'** : fleurs imbriquées, d'un rouge vif lumineux. Hybride assez tardif, bien touffu, de croissance lente et de port érigé.

• **'Hippolyte Thoby'** : camellia assez tardif, à fleurs imbriquées, d'un rouge très lumineux. Cet hybride donne de bons résultats en pot.

Les tardifs

• **'Mathotiana Rubra'** : grandes fleurs imbriquées, rouge foncé velouté. La silhouette de cet hybride est érigée.

• **'Margherita Coleoni'** : un vigoureux hybride compact, à port plus ou moins dressé. Les grandes fleurs imbriquées sont rouge foncé.

— les panachés
Ne dédaignez pas les camellias à fleurs panachées ! Certaines, par la richesse de leurs coloris, évoquent le charme des roses anciennes. Voici les plus beaux hybrides.

Les premiers à fleurir
• **'Marguerite Gouillon'** : un camellia hâtif, aux délicates fleurs péoniformes, striées de rose sur un fond blanc. L'arbuste est vigoureux et buissonnant.
• **'Doncklearii Eugène Lizé'** : hybride très florifère et buissonnant, à croissance lente. Les grandes fleurs péoniformes sont tachées de blanc et sont souvent sujettes à des mutations.

Les hybrides de mi-saison
• **'Dr Max** : fleurs simples, rouge clair, tacheté de blanc. Les mutations sont fréquentes.
• **'Caryophylloides'** : fleurs péoniformes, roses, strié de rose vif, très souvent sujettes à des mutations.
• **'Général Lamoricière'** : grandes fleurs péoniformes, panachées de rose.
• **'Kellingtonia'** : un hybride vigoureux, à très grandes fleurs péoniformes, rouge tacheté de blanc.
• **'Comte de Gomer'** : hybride restant longtemps épanoui. Les fleurs très grandes, imbriquées, sont rose strié de carmin. L'arbuste, compact, est moyennement vigoureux.
• **'Princesse Clotilde'** : un camellia très florifère, à fleurs imbriquées, rayées de carmin sur fond blanc, veinées et mouchetées de rose. Il se prête bien à la culture en pot.
• **'Souvenir de Henri Guichard'** : très longue floraison. Les fleurs semi-doubles sont rose bordé de blanc et strié de carmin.

Les tardifs
• **'Contessa Lavinia Maggi'** : de grandes fleurs imbriquées, striées de rouge sur un fond blanc. Les mutations sont très fréquentes.
• **'Zoraïde Wanzi'** : un hybride vigoureux dont les fleurs imbriquées ont des stries et des macules carmin sur un fond blanc, et sont sujettes à de fréquentes mutations. Les feuilles vert clair sont dentées.

Camellia x williamsii 'Waterlily'.

■ Le camellia x williamsii

Ces hybrides ont été obtenus récemment en Cornouailles : vers 1925, J.C. Williams croisa différents *Camellia japonica* avec une espèce botanique de la Chine occidentale, le *Camellia saluenensis*. Résultat : des hybrides vigoureux et très rustiques, extrêmement florifères, dont les fleurs présentaient une apparence plus légère que celles du *Camellia japonica*.
Hormis l'hybride 'Cornish Snow', à fleurs blanches, tous les autres *Camellia* x *williamsii* ont des fleurs d'un rose plus ou moins nuancé. Pour la plupart, la floraison se prolonge de janvier-février jusqu'à mai !

– *les roses*
- '**Anticipation**' : grandes fleurs péoniformes, rose-cerise foncé.
- '**Brigadoon**' : grandes fleurs roses, semi-doubles.
- '**Debbie**' : un camellia vigoureux, aux fleurs péoniformes, d'un rose orchidée. Les rameaux souples se prêtent bien au palissage.
- '**Donation**' : hybride très florifère, particulièrement gracieux par ses grandes fleurs semi-doubles, très roses, et ses rameaux souples.
- '**Dream Girl**' : grandes fleurs rose saumon, semi-doubles.
- '**E.G. Waterhouse**' : hybride à silhouette érigée, dont les fleurs imbriquées, rose tendre, présentent l'aspect d'une rose.
- '**Fragrant Pink**' : un puissant parfum pour ces très petites fleurs rose vif, péoniformes. L'arbuste, très florifère, revêt un port pleureur, souple et gracieux, avec de jeunes pousses rouges au printemps.
- '**Gay Time**' : camellia plutôt hâtif, aux grandes fleurs semi-doubles, rose orchidée clair ombré de rose plus foncé.
- '**Inspiration**' : fleurs semi-doubles, rose vif carminé. Les rameaux souples se prêtent bien au palissage.
- '**J.C. Williams**' : hybride assez hâtif, magnifique par ses fleurs simples, rose tendre.
- '**St Ewe**' : fleurs simples, en clochettes rose foncé.
- '**Waterlily**' : les grandes fleurs imbriquées sont rose pur.

– *les blancs*
- '**Cornish Snow**' : ce n'est pas à proprement parler un *Camellia* x *williamsii* puisqu'il résulte du croisement du *Camellia saluenensis* et du *Camellia cuspidata*. Très résistant au froid et très florifère, il épanouit très tôt de jolies petites fleurs blanches simples. Il se prête bien à la culture en pot.

LES CAMELLIAS LES PLUS PARFUMÉS

Peu de camellias ont la chance d'épanouir des fleurs odorantes. Le parfum est surtout répandu chez le *Camellia sasanqua* : parmi les hybrides les plus odorants, choisissez entre les blancs 'Narumi-gata' et 'Versicolor' et les roses 'Jean May', 'Maiden's Blush', 'Plantation Pink' et 'Vicomte de Noailles'.
Le parfum se fait plus rare chez les autres espèces. Ainsi, dans notre précédente sélection, seules embaument les fleurs rouges de 'Krager's Supreme', un *Camellia japonica*, et les fleurs roses de 'Fragrant Pink', un *Camellia* x *williamsii*.

■ Des camellias pour leur forme

Pour intégrer au mieux les camellias dans votre jardin, sachez, avant de les planter, qu'il en existe de toutes les formes. La plupart revêtent une silhouette buissonnante, mais certains se distinguent par leur allure franchement horizontale ou verticale.
Parmi ceux qui s'étalent, et s'avèrent précieux pour masquer le sol ou pour contraster avec un camellia érigé, retenez un de ces trois *Camellia japonica* :
• **'Madame Charles Blard'** : énormes fleurs blanches tardives.
• **'Fleur de Pêcher'** : petites fleurs semi-doubles, rose tendre, s'épanouissant tardivement.
• **'Lady Clare'** : ses branches pleurent presque. Cet hybride éclôt, en mi-saison, de grandes fleurs semi-doubles, pêche foncé.
Parmi ceux qui poussent tout droit, et peuvent se mener très facilement en colonne, moyennant de simples tailles chaque année après la floraison, choisissez parmi ces camellias qui sont tous des hybrides de *Camellia japonica* (excepté les deux premiers) :
• **'Narumi-gata'** : un *Camellia sasanqua* à fleurs blanches.
• **'E.G. Waterhouse'** : un *Camellia* x *williamsii* à floraison rose tendre.
• **'Nobilissima'** et **'Alba Plena'** : deux hybrides précoces, à fleurs doubles, blanches.
• **'Yukibotan'** : camellia tardif, à grandes fleurs blanches.
• **'Mathotiana Rosea'** : grandes fleurs rose vif, venant tardivement.
• **'Dr Tinsley'** : épanouit à mi-saison des fleurs semi-doubles, rose pâle.
• **'Coquetti'** : floraison rouge vif lumineux, en mi-saison.
• **'Mathotiana Rubra'** : donne tardivement de grandes fleurs rouge foncé.
Pour un bel effet, groupez des camellias offrant des silhouettes différentes et des floraisons très contrastées – par leur coloris ou par l'aspect des fleurs.

■ Les meilleurs camellias pour la culture en pot

Nous avons déjà évoqué le peu d'inclinaison que possède le camellia pour la culture en pot. Néanmoins, si vous prenez toutes les précautions mentionnées (voir page 22), vous pourrez fort bien le réussir de cette façon. A plus forte raison si vous choisissez des hybrides bien adaptés à ce mode de conduite, comme :

- '**Madame Martin Cachet**' : floraison précoce, rouge cerise.
- '**Princesse Clotilde**' : camellia panaché de mi-saison, dont les fleurs mêlent joliment le blanc, le rouge carmin et le rose.
- '**Hippolyte Thoby**' : floraison assez tardive, d'un rouge très lumineux.
- '**Cornish Snow**' : épanouit d'abondantes petites fleurs simples, blanches.

En pratique

■ L'emplacement

Le camellia exige un lieu bien dégagé — il prend de la place (voir encadré) — et plutôt ensoleillé (sans être brûlant), et abrité des courants d'air froid, il supporte parfaitement une exposition au nord ou à l'est, où il fleurit abondamment s'il est protégé des vents glaciaux. En revanche, ne le placez pas à l'ombre d'un gros arbre ; il n'apprécierait pas pour deux raisons essentielles : l'ombrage trop important durant la belle saison, et surtout la concurrence au niveau des racines.

■ La plantation

Pour les camellias aussi, l'époque idéale de plantation est l'automne, même pour les *Camellia sasanqua* qui fleurissent en cette saison. Vous pouvez aussi les mettre en place au printemps, de la mi-février à la mi-mai, mais vous devrez alors vous montrer particulièrement vigilant en ce qui concerne les apports d'eau.

Si, sur la côte atlantique, jusqu'en Bretagne et dans le Cotentin, les camellias prospèrent facilement, presque spontanément, dans la plupart des terrains non calcaires, ils se montrent plus capricieux ailleurs. Il convient de les planter dans une fosse isolée de terre acide (60 cm de profondeur suffisent), comme nous l'avons déjà expliqué, surtout si la nature du sol n'est pas favorable.

TAILLEZ LE CAMELLIA

Pour redonner une jolie silhouette à votre camellia, rabattez-le au printemps, juste après la floraison. Supprimez aussi les branches mortes et celles qui traînent au sol.

Surtout, ne taillez pas une fois que les boutons sont formés (en juin-juillet) : vous seriez privé de la prochaine floraison.

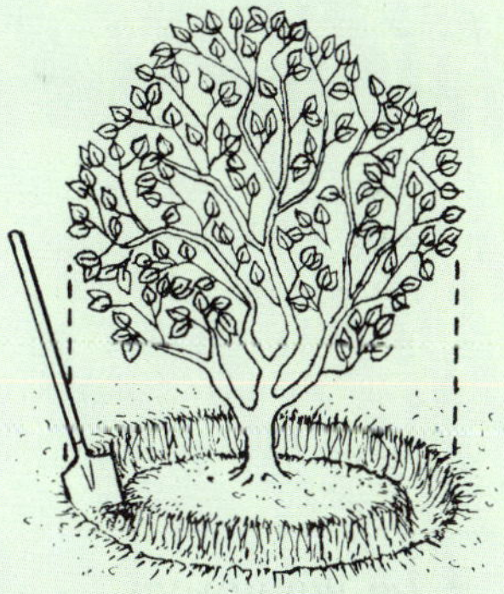

Pour rajeunir un camellia âgé, taillez après floraison les branches mortes, celles qui traînent au sol, et les désordonnées. A l'aplomb de la nouvelle frondaison, creusez une couronne de terre, de la largeur et de la profondeur d'un fer de bêche. Remplacez la terre enlevée par un mélange riche, composé de 2/3 de terre de bruyère et 1/3 de terreau de feuilles bien décomposées.

BEAUCOUP D'EAU

Afin d'assurer une croissance express et un développement harmonieux à vos camellias, veillez à ce qu'ils ne manquent d'eau sous aucun prétexte, et ce à tout moment de l'année. L'eau doit être de préférence non calcaire. Montrez-vous d'autant plus vigilant avec les arbustes plantés le long d'une façade orientée à l'est : en effet, ceux-ci ne reçoivent pas forcément les précipitations, surtout quand elles viennent, ce qui est le plus fréquent, de l'ouest. N'hésitez donc pas dans ce cas à les arroser, même en plein hiver. Durant l'été, pensez à bassiner régulièrement le feuillage : deux ou trois fois par semaine, voire plus en cas de forte sécheresse ou de grosse canicule. En ce qui concerne les engrais, respectez un apport annuel en automne comme nous l'avons déjà conseillé (voir page 21).

UN GRAND ARBRE

On a trop souvent tendance à considérer le camellia comme un petit arbuste. C'est en fait un grand arbre. Témoins, les camellias plus que centenaires qui ornent les parcs des grands châteaux ou ceux, tout aussi âgés, qui font carrément office de platanes sur les places des villages de la Galice et du Portugal. Vous remarquerez avec surprise que, la plupart du temps, ces immenses spécimens sont installés en plein soleil excepté durant les heures les plus chaudes de la journée où, le plus souvent, ils se trouvent à l'abri des rayons du fait d'une ombre portée (arbre, bâtiment...).
Ainsi, mis en place à une bonne exposition, les camellias démarrent vite et forment des arbustes de 2 à 3 m de haut en l'espace de quelques années. Qui deviendront de vrais arbres au fil du temps... Donc si vous plantez plusieurs camellias ensemble, laissez au moins 1,20 m à 1,50 m entre chaque pied.

■ La taille

Le camellia n'exige en aucune façon d'être taillé. Toutefois, si vous souhaitez redonner une belle silhouette à un arbuste dégingandé, rabattez-le légèrement juste après la floraison, au début du printemps. Profitez-en pour supprimer toutes les branches mortes ou celles qui traînent sur le sol. Ne procédez pas trop tard — jamais après la formation des boutons qui se produit en juin-juillet — afin de ne pas être privé de fleurs la saison suivante.
Si vous souhaitez rajeunir un camellia fort âgé, procédez avec mesure pour éviter tout choc qui lui serait fatal : une coupe trop brutale risquerait en effet de déséquilibrer la masse de feuilles par rapport à celle des racines. Pour éviter

BOUTUREZ LE CAMELLIA

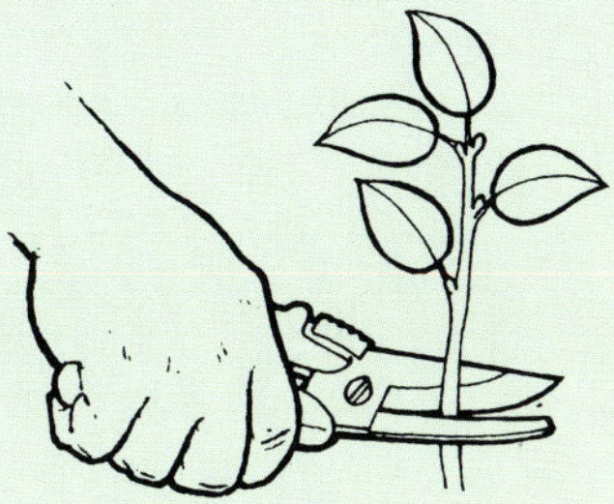

En septembre-octobre, prélevez des pousses d'extrémité comportant 4 feuilles sur des rameaux sains et vigoureux.

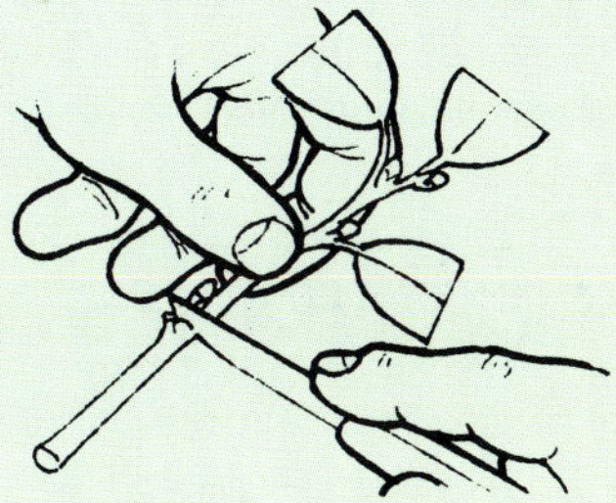

Supprimez la feuille de la base, réduisez de moitié les autres feuilles. Coupez le bas de la tige juste sous le premier bourgeon.

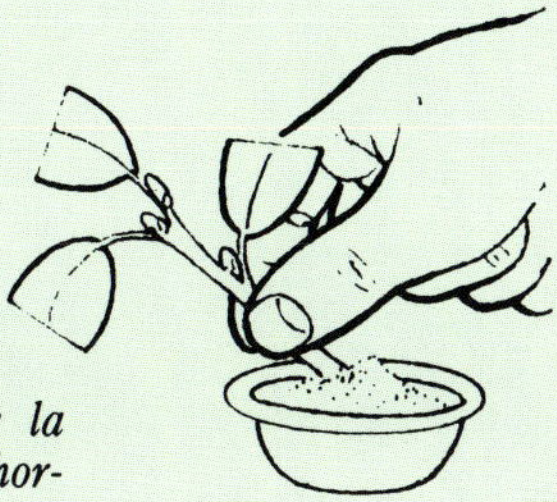

Badigeonnez la base de la bouture de poudre d'hormones d'enracinement.

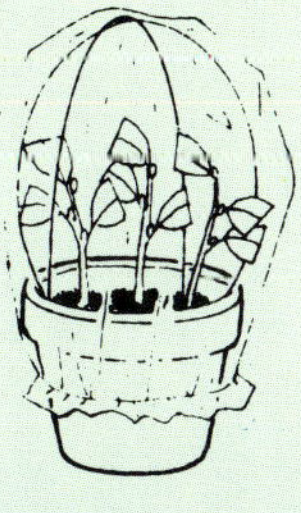

Plantez les boutures dans un mélange de sable grossier (2/3) et de terre de bruyère (1/3). Arrosez. Maintenez-les tout l'hiver à 18-20°C, à la lumière (mais pas au soleil). A l'étouffée, installez 3 boutures par pot de 10 cm de diamètre.

En février-mars, repiquez chaque bouture dans un pot de 8 cm de diamètre contenant de la terre de bruyère et du terreau en parts égales.

cela, après avoir rabattu les branches maîtresses, à l'aplomb de la nouvelle circonférence de votre arbuste, creusez une couronne, de la largeur et de la profondeur d'un fer de bêche, et remplacez la terre enlevée par un mélange riche de terre de bruyère (2/3) et de terreau de feuilles bien décomposé (1/3).

SI DES BRANCHES GÈLENT

Si, à la suite de fortes gelées, votre camellia offre une mine piteuse, ne baissez pas les bras trop tôt. Au cours des récents hivers rigoureux, l'expérience a en effet souvent montré que la plupart des spécimens âgés, fort endommagés et trop hâtivement condamnés, sont ensuite repartis avec une vigueur insensée. Attendez donc patiemment la belle saison pour rabattre le bois réellement mort, au-dessus des nouvelles pousses.

■ Une multiplication facile

Pour propager le camellia, tous les moyens sont bons : semis, marcottage, greffage, bouturage. C'est ce dernier mode qui s'avère le plus facile à effectuer ; laissons les autres procédés de multiplication aux professionnels.
En septembre-octobre, prélevez des pousses d'extrémité comportant 4 feuilles sur des rameaux sains et vigoureux. Habillez chaque bouture ainsi : supprimez la feuille de la base, réduisez de moitié la surface des autres feuilles si elles sont grandes et coupez nettement le bas de la tige, juste sous le premier bourgeon, à l'aide d'un couteau bien effilé. Puis badigeonnez la base de chaque bouture de poudre d'hormones d'enracinement et tapotez pour éviter tout excès sur la tige. Plantez vos boutures poudrées dans un mélange de sable grossier (2/3) et terre de bruyère (1/3), et arrosez-les.
Maintenez-les tout l'hiver à 18-20°, à l'abri du soleil, mais à la lumière. Pour cela, vous pouvez les enfermer sous une mini-serre de multiplication. Ou, à défaut, vous pouvez bouturer à l'étouffée : installez trois boutures par pot de 10 cm, encapuchonnez chaque pot d'un plastique transparent bien hermétique, et laissez les pots chez vous, près d'un radiateur. Attendez février-mars avant de repiquer chaque bouture dans un pot de 8 cm contenant un mélange plus riche : terre de bruyère et terreau en volumes égaux. Habituez progressivement vos plantes au froid en les sortant peu à peu lors des belles journées, puis en les plaçant sous châssis froid avant de les installer définitivement au jardin.

■ Les ennemis spécifiques

Particulièrement résistant, le camellia s'avère peu sujet aux maladies et ravageurs et est de ce fait facile à cultiver.

— *les ravageurs*
Outre les ravageurs déjà mentionnés dans la première partie (voir page 24), les cochenilles et les oiseaux causent des dégâts importants.

Les cochenilles
C'est surtout dans le Midi et le Sud-Ouest qu'elles se montrent redoutables. Ces insectes se reconnaissent facilement à la présence de boucliers noirs sur les tiges et les feuilles, ainsi qu'au développement de fumagine ou suie noire sur ces mêmes organes. Commencez le traitement en hiver, avec un insecticide spécifique anti-cochenilles. Poursuivez-le à deux reprises avec les mêmes produits, fin mai et début juin.

Les oiseaux
Les mésanges se régalent des étamines des fleurs de camellia, en boutons ou déjà épanouies. La lutte est évidemment impossible : heureusement que ces arbustes abondent de boutons à fleurs.

— *les maladies*
Cultivé en serre, le camellia est plus sujet à de nombreuses maladies (taches foliaires, chute des boutons...) qu'en pleine terre. La fumagine est la maladie la plus à craindre. Apportée par la cochenille, elle se combat par les mêmes traitements que ceux utilisés contre cet insecte.

EN CAS DE NEIGE

Ne laissez pas la neige sur les branches de camellia : son poids risque en effet de casser les branches compromettant ainsi la prochaine floraison. Par temps froid, vous constaterez chez les feuilles de camellia les mêmes enroulements que chez le rhododendron. Rien à craindre, cela est uniquement physiologique et disparaît dès le redoux. En revanche, si le froid persiste ou est particulièrement rigoureux, les feuilles peuvent brunir plus ou moins entièrement. Ne faites rien dans l'immédiat : attendez le printemps avant de supprimer les rameaux endommagés.

Erica carnea 'Vivelli'.

Les bruyères

Avec trois genres principaux (de la famille des Ericacées), les *Calluna*, *Erica* et *Daboecia*, les bruyères n'ont pas de mal à couvrir l'éventail de l'année par leur floraison : certaines variétés s'épanouissent en effet en plein été alors que d'autres choisissent le cœur de l'hiver pour fleurir. Ces végétaux s'avèrent évidemment tout à fait indiqués dans ce livre sur les plantes de terre de bruyère. Attrayantes non seulement par leurs fleurs, mais souvent par leur feuillage décoratif toute l'année, les bruyères sont précieuses pour créer des bordures, des belles rocailles, voire des massifs entiers, hauts en couleur. Elles se marient bien aux autres persistants de terre de bruyère ainsi qu'aux conifères.

La calluna

Le genre *Calluna* ne compte qu'une espèce, *Calluna vulgaris*, la bruyère commune, si répandue en notre pays, dans tous les terrains non calcaires, secs (landes) comme humides (tourbières), aussi bien au soleil qu'à mi-ombre. Elle a donné naissance à d'innombrables hybrides, dont voici les principaux.
Chaque hybride fleurit sans discontinuer durant près de deux mois, entre le début juillet et la fin octobre pour les plus tardifs.

■ Floraison dès juillet

• **'J.H. Hamilton'** : hybride nain, à grandes fleurs doubles, roses, et à feuillage vert foncé (25 cm de haut).
• **'Tib'** : fleurs doubles, rouge violacé (30-60 cm).

■ Floraison en août-septembre

• **'County Wicklow'** : hybride tapissant, à fleurs doubles, roses, et au feuillage d'un vert soutenu (25 cm).
• **'Gold Haze'** : superbe par son feuillage doré, particulièrement beau au printemps, surmonté de fleurs blanches en fin d'été (50 cm).
• **'Robert Chapman'** : hybride extra pour son feuillage bronze virant à l'orange puis au rouge en hiver. Les fleurs sont pourpres (40 cm).
• **'Sir John Charrington'** : le feuillage, bronze l'été, rougit l'hiver. La floraison est lilas (45 cm).
• **'Sister Anne'** : hybride très nain, au remarquable feuillage gris et velouté. Les fleurs sont mauves (10 cm).
• **'Wickwar Flame'** : étonnant par le coloris de son feuillage qui mêle doré et orangé et rougit l'hiver. La floraison est rose pâle (30 cm).
• **'Winter Chocolate'** : le feuillage doré vire au brun l'hiver. La floraison est lavande (20 cm).

■ Floraison en septembre-octobre

• **'H.E. Beale'** : hybride assez grand, épanouissant de longs épis de fleurs doubles, rose vif. Le feuillage gris-vert foncé prend de jolies teintes mauves en hiver (50 cm).
• **'Peter Sparkes'** : de longs épis de fleurs doubles, roses. Le feuillage est vert-gris (45 cm).

Calluna vulgaris 'Gold Haze'.

TOUTES LES NUANCES DE FEUILLAGE

Mariez ces bruyères avant tout pour le somptueux coloris de leur feuillage, en tenant compte évidemment de celui des fleurs.

FEUILLAGE	EN HIVER	HAUT.	FLEUR	HYBRIDE
vert foncé	vert foncé	25 cm	rose	'J.H. Hamilton'
	vert foncé	25 cm	rose	'County Wicklow'
gris	gris	10 cm	mauve	'Sister Anne'
gris-vert	gris-vert	45 cm	rose	'Peter Sparkes'
	gris-vert	50 cm	rose vif	'H.E. Beale'
doré	doré	50 cm	blanc	'Gold Haze'
	brun	30 cm	lavande	'Winter Chocolate'
	orangé puis rouge	30 cm	rose pâle	'Wickwar Flame'
bronze	rouge	45 cm	lilas	'Sir John Charrington'
	orangé puis rouge	40 cm	pourpre	'Robert Chapman'

Les erica

A la différence de la *Calluna*, ce genre compte plusieurs espèces, des formes tapissantes comme l'*Erica carnea* aux espèces arborescentes comme la bruyère en arbre, l'*Erica arborea*. Certaines sont fleuries en hiver, d'autres en été. Toutes ces espèces aiment le plein soleil. Leurs exigences diffèrent quant à la nature du sol.

■ Floraison en hiver

Deux espèces d'*Erica* fleurissent en hiver : l'*Erica carnea*, spontanée dans tout le centre de l'Europe, et *Erica* x *darleyensis* qui résulte du croisement de l'*Erica carnea* avec l'*Erica mediterranea*, une bruyère arborescente originaire du sud de la France et d'Espagne.

– *Erica carnea*

Cette espèce est l'une des plus répandues parmi les bruyères. Elle compte d'innombrables cultivars qui sont tous tapissants : hauteur comprise entre

15 cm et 20 cm. Selon les hybrides, le coloris des fleurs prend toutes les teintes du spectre, du blanc au violet. La majorité des cultivars s'épanouit entre janvier et mars, mais certains sont déjà en fleur en novembre et d'autres achèvent leur floraison en avril.
Facile à vivre, cette espèce vient en tout sol, même calcaire pourvu qu'il soit riche en humus. Elle accepte toute exposition, résiste bien à la pollution et aux embruns marins.
Parmi les principaux hybrides que vous trouverez partout, citons :

Le premier à fleurir
Cet hybride s'épanouit dès novembre et jusqu'en février :
• **'Praecox Rubra'** : fleurs rose foncé.

Les hybrides de mi-saison
Ils sont en fleur de janvier à mars.
• **'Winter Beauty'** : des fleurs rose-lilas dès décembre. Le feuillage est vert.
• **'Pink Spangles'** : hybride très vigoureux, fleurissant généreusement rose. Le feuillage est vert.
• **'Springwood Pink'** : floraison rose clair et feuillage vert tendre.
• **'Springwood White'** : le même hybride, en blanc.
• **'Vivelli'** : superbe par sa floraison rouge carmin et son feuillage qui, vert l'été, vire au rouge-bronze l'hiver.

Les retardataires
La floraison s'effectue de février à avril.
• **'Aurea'** : les fleurs roses pâlissent jusqu'à devenir presque blanches. Le feuillage est doré au printemps et en été.
• **'Myretoun Ruby'** : grandes fleurs rose foncé et feuillage vert sombre.
• **'Ruby Glow'** : ouvre des fleurs rouge foncé. Le feuillage est bronze.

– *Erica* x *darleyensis*
Cette bruyère très rustique et vigoureuse convient en sols même légèrement calcaires. Elle forme de superbes couvre-sols inlassablement fleuris de novembre à avril. La hauteur des différents hybrides varie de 20 à 50 cm. Les voici classés par précocité.

Un précoce
• **'Darley Dale'** : floraison rose-lilas, d'octobre à avril. Le feuillage est vert, avec de jeunes pousses crème au printemps (45 cm de haut).

Floraison de novembre à avril
• '**Arthur Johnson**' : floraison magenta. Le feuillage, vert pomme, s'orne de jeunes pousses rouge-crème au printemps (30-60 cm).
• '**Furzey**' : fleurs rose-lilas et feuillage vert foncé (45 cm).
• '**George Rendall**' : la floraison est d'un rose soutenu. Le feuillage vert a de jeunes pousses roses et jaunes au printemps (30 cm).
• '**Silberschmelze**' : fleurs blanc argenté et feuillage vert soutenu (45 cm).

Les retardataires
Ces hybrides sont fleuris de février à avril-mai.
• '**Jack H. Brummage**' : un hybride à croissance lente, donnant de meilleurs résultats en sol légèrement calcaire. La floraison est rose pâle, le feuillage d'un jaune doux (45 cm).
• '**J.W. Porter**' : fleurs rouge pourpré et feuillage vert foncé (45 cm).

■ Floraison en été

Trois espèces d'*Erica* s'épanouissent durant tout l'été : *Erica cinerea, Erica tetralix* et *Erica vagans*, toutes trois spontanées dans l'ouest de l'Europe.

– *Erica cinerea*
La bruyère cendrée forme des couvre-sols bien touffus de 25 à 30 cm de haut. Cette espèce adore la chaleur et le soleil et préfère les sols acides et secs. Les différents hybrides épanouissent des grappes de fleurs de juin à octobre :
• '**Atrosanguinea Smith's Variety**' : floraison écarlate et feuillage foncé (20 cm).
• '**C.D. Eason**' : fleurs rose foncé (30 cm).
• '**Cévennes**' : longue floraison rose-lavande (25 cm).
• '**Katinka**' : fleurs pourpre foncé et feuillage bleu-vert foncé (30 cm).
• '**Pallas**' : un vigoureux hybride qui s'étale beaucoup, à fleurs pourpre clair (35 cm).
• '**Rosea**' : fleurs rose vif et feuillage vert foncé (25 cm).

– *Erica tetralix*
La bruyère tétragone (de 20 à 25 cm de haut) se distingue par des feuilles grises en croix et une floraison en clochettes, de juin à octobre. Elle apprécie un sol frais, tourbeux, non calcaire. En voici trois superbes hybrides :
• '**Alba Mollis**' : hybride étonnant par son feuillage gris argenté et ses fleurs blanches (20-30 cm de haut).
• '**Con Underwood**' : grandes fleurs cramoisies et feuillage gris-vert (20-25 cm).

• **'Hookstone Pink'** : le feuillage gris argenté clair contraste bien avec les fleurs rose saumoné pâle (30 cm).

– *Erica vagans*
La bruyère de Cornouailles (de 20 à 50 cm de haut) préfère un sol acide, lourd et glaiseux, mais tolère un sol légèrement calcaire.
Elle émet de longs épis qui, fleuris tout l'été, restent décoratifs tout l'hiver et doivent être rabattus en mars. Ces cinq hybrides s'épanouissent de juillet à octobre :
• **'Cream'** : floraison blanche et feuillage vert (45 cm de haut).
• **'Lyonesse'** : floraison ivoire, avec des anthères marron (30 cm).
• **'Mrs D.F. Maxwell'** : fleurs cerise foncé et feuilles vert foncé (35 cm).
• **'St. Keverne'** : fleurs rose saumon et feuillage vert foncé (20 cm).
• **'Valerie Proudley'** : floraison blanche et feuillage jaune doré (15 cm).

■ Floraison en automne

Une seule espèce fleurit durant l'automne, l'*Erica ciliaris*, spontanée dans le sud-ouest de l'Europe et les îles Britanniques.

– *Erica ciliaris*
Cette bruyère de 30 cm de haut, ne tolère pas le calcaire, et exige un sol très riche pour réussir. Les différents hybrides fleurissent d'août à novembre :
• **'Globosa'** : hybride formant un large dôme, à fleurs rose-lilas (35 cm).
• **'Mrs C.H. Gill'** : grandes fleurs rouge clair et feuilles vert foncé (30 cm).
• **'Stoborough'** : vigoureux hybride aux grandes fleurs blanc pur et au feuillage vert clair (50-60 cm).

■ Floraison au printemps

Ces trois bruyères arborescentes sont originaires des régions méditerranéennes. Elles exigent une situation protégée, à mi-ombre ou au soleil selon les types, et tolèrent le calcaire. Elles atteignent de 1 à 2 m de haut et fleurissent au printemps.

– *Erica arborea*
La floraison blanche, qui se produit de mars à mai, est agréablement parfumée. Le feuillage est vert. Cette espèce atteint 1 à 2 m de haut.
La variété 'Alpina', plus rustique, présente un feuillage d'un vert plus vif. Sa hauteur varie entre 1,50 m et 2 m.
Plantez ces bruyères à mi-ombre de préférence, à l'abri des vents forts et des embruns, qu'elles ne supportent pas.

▲ *Erica cinerea 'Atrosanguinea Smith's Variety'.*
Erica tetralix 'Alba Mollis'. ▼

▲ *Daboecia cantabrica 'Alba'.*
Daboecia cantabrica 'Atropurpurea'. ▼

– *Erica australis*
Originaire d'Espagne malgré son nom, cette bruyère de 1 m à 1,20 m de haut exige une situation chaude et ensoleillée. Réservez-la aux régions les plus douces (côte ouest, Midi). En avril-mai, elle produit une généreuse floraison rose-pourpre.

– *Erica mediterranea*
C'est la plus précoce des bruyères arborescentes puisqu'elle éclôt des fleurs au parfum de miel dès février, parfois plus tôt selon la clémence de l'hiver, et ce jusqu'en avril-mai. Son feuillage est particulièrement fin. Originaire du sud-ouest de la France et de l'Irlande, de l'Espagne et du Portugal, elle se plaît en climat doux, à exposition mi-ensoleillée, et tolère un sol légèrement calcaire. Les fleurs de l'espèce (de 1 m à 1,50 m de haut) sont vermillon. Vous trouverez aussi les variétés 'Brightness' (60 cm-1 m) à fleurs roses, rouge-bronze en bouton, et 'W.T. Rackliff' (1 m-1,20 m), qui offre un saisissant contraste entre le blanc pur de ses fleurs aux anthères brunes et le vert sombre de son feuillage.

Le daboecia

Ce genre, proche de l'*Erica*, en diffère par les corolles plus grandes de ses fleurs et ses feuilles plus larges. L'espèce la plus courante, *Daboecia cantabrica*, est originaire de tout l'ouest de l'Europe, de l'Irlande au Portugal.

■ Daboecia cantabrica

Voilà une bruyère précieuse par sa très longue floraison estivale : ce petit arbuste persistant, de 60 cm de haut, fleurit en effet sans discontinuer de juin à novembre !
Pour la réussir, plantez-la en plein soleil dans une terre acide ou sablonneuse, dépourvue de calcaire, et enrichie de terreau de feuilles bien décomposées. Parmi les plus beaux hybrides, citons :
- '**Alba**' : fleurs blanches et feuillage vert foncé (50-60 cm de haut).
- '**Atropurpurea**' : les fleurs pourpres viennent sur un feuillage vert bronze (50-60 cm).
- '**Praegerae**' : très attrayant par ses fleurs rose vif (45 cm).
- '**William Buchanan**' : un hybride compact à floraison pourpre (20-30 cm).

PLANTEZ LA BRUYÈRE

Creusez une fosse de 20 cm de profondeur. Remplissez-la d'un mélange de terre de bruyère (2/3) et de tourbe ou de terreau (1/3).

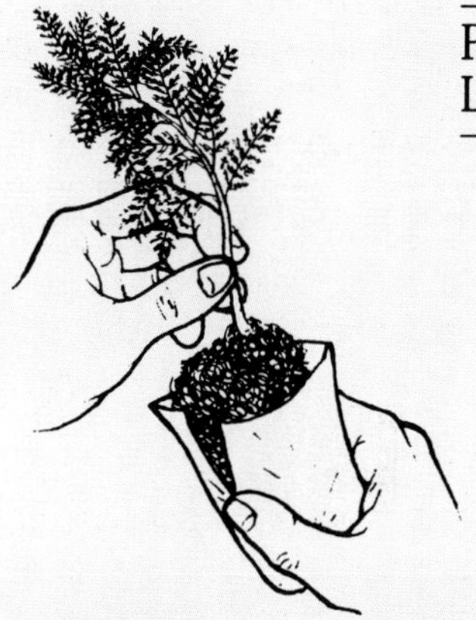

Coupez le godet de plastique pour en extraire la plante sans blesser la motte.

Mettez les bruyères en place de façon que le feuillage soit couché sur le sol, puis arrosez bien. Espacez les pieds de 20 à 50 cm selon leur développement.

SUPPRIMEZ LES FLEURS FANÉES

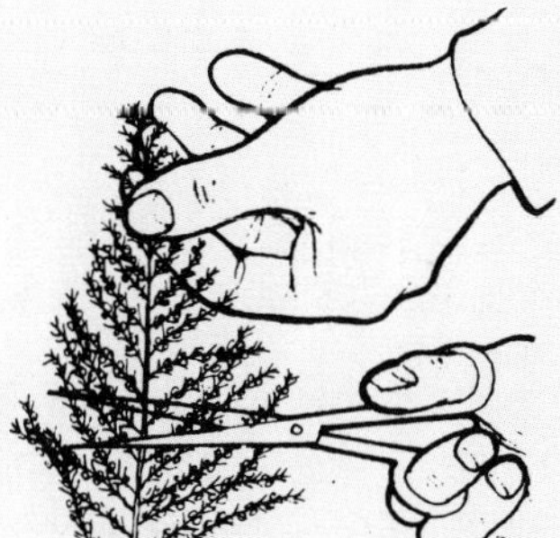

Après floraison des bruyères tapissantes, supprimez les fleurs fanées.

BOUTUREZ LA BRUYÈRE

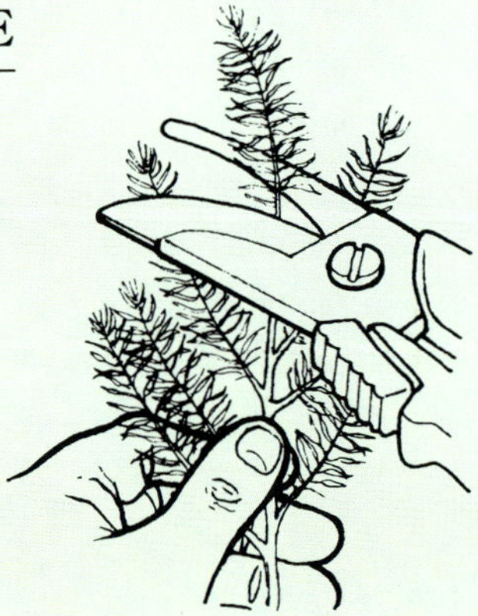

Prélevez des boutures de 2 à 5 cm de long, bien aoûtées, sur de vieux rameaux.

Effeuillez la base, trempez-la dans une poudre d'hormones pour favoriser l'enracinement.

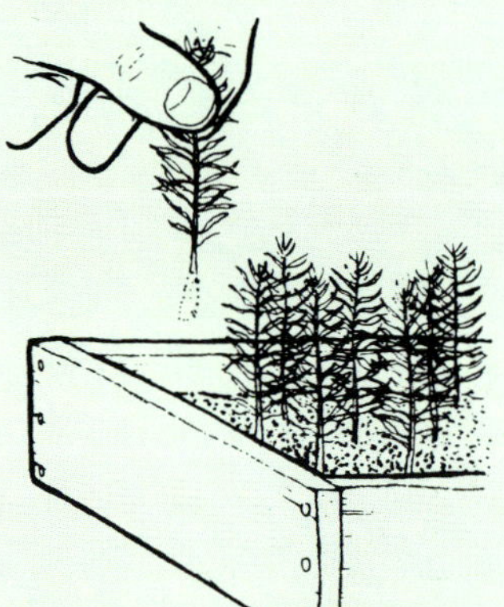

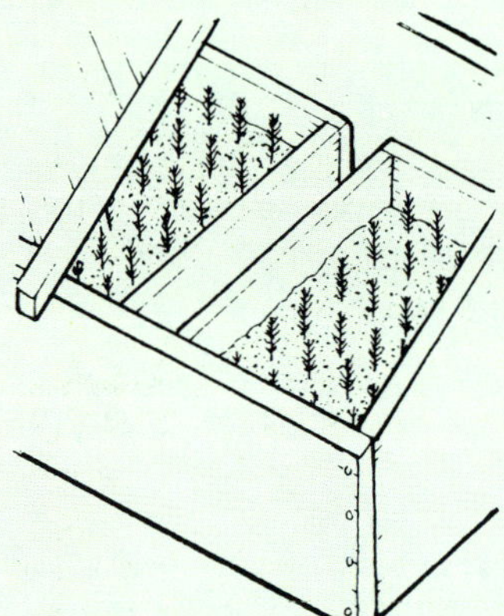

Placez les boutures en les espaçant de 1,5-2 cm, dans un bac contenant 1/3 de tourbe, 1/3 de sable grossier et 1/3 de perlite. Maintenez sous châssis froid, à mi-ombre.

En pratique

■ L'emplacement

L'exposition requise varie selon les espèces.

– *A mi-ombre*

La plupart des bruyères tapissantes acceptent aussi bien la mi-ombre que le soleil, sans montrer de préférence. Curieusement, seule une bruyère arborescente préfère une exposition ombragée :

- *Erica arborea.*

– *En plein soleil*

Attention, plein soleil ne signifie pas emplacement brûlant, comme celui d'un mur orienté au sud. Seules certaines bruyères arborescentes peuvent, à la rigueur, tolérer une telle situation. Adoptez donc à exposition ensoleillée :

- toutes les espèces tapissantes d'*Erica,*
- les bruyères arborescentes, *Erica australis* et *Erica mediterranea*, en évitant l'exposition plein sud pour cette dernière,
- tous les hybrides du *Daboecia cantabrica.*

– *Les bruyères indifférentes*

Tous les hybrides de la *Calluna vulgaris* viennent aussi bien à exposition ombragée qu'en plein soleil, en évitant toutefois une exposition trop chaude.

■ La plantation

Quel que soit le type de bruyères tapissantes, à floraison hivernale ou estivale, préférez une plantation à l'automne, dès septembre. Avec les bruyères arborescentes, optez plutôt pour une mise en place au printemps afin que les plants soient suffisamment forts l'hiver suivant, avant d'affronter les gelées. Pour vous simplifier la tâche, prévoyez le même mélange terreux pour toutes les espèces de bruyère, même pour celles qui tolèrent un sol légèrement calcaire comme les cultivars d'*Erica carnea* et d'*Erica* x *darleyensis*. Ce mélange, riche et léger, est celui que nous avons déjà préconisé :

- 2/3 de terre de bruyère ou de terre de fougère,
- 1/3 de tourbe brune ou de terreau de feuilles très bien décomposées.

Pour constituer tout un massif de bruyères, creusez une large fosse de 15 à

20 cm de profondeur, et espacez chaque plant de 20 à 50 cm selon son futur développement.
Si la terre de votre jardin est vraiment très alcaline, prévoyez l'installation d'une fosse isolée, comme nous l'avons déjà expliqué : 15 à 20 cm de profondeur suffisent. L'apport d'engrais est inutile. Contentez-vous de bien arroser après la plantation, et durant le premier été qui la suit. Surtout, désherbez soigneusement avant que les bruyères ne s'étalent complètement et ne jouent leur rôle de couvre-sol.

■ La taille

Rabattez les bruyères tapissantes après leur floraison afin de mettre à nouveau leur feuillage en valeur. Les bruyères arborescentes n'exigent aucune sorte de taille.

■ Une multiplication facile

La bruyère n'est pas une plante facile à propager. Néanmoins, vous pouvez essayer de prélever des boutures de 2 à 5 cm de long, bien aoûtées sur de vieux rameaux. Effeuillez-les à la base comme pour toute opération de bouturage et trempez la partie à enraciner dans une poudre d'hormones d'enracinement afin de hâter l'apparition de racines. Placez ces boutures dans un substrat très bien drainé : tourbe, sable grossier et perlite en volumes égaux. Jusqu'à la reprise, maintenez-les à mi-ombre, sous châssis froid. Pour augmenter vos chances de réussite, prévoyez ainsi une dizaine de boutures par variété.

■ Les ennemis spécifiques

La bruyère s'avère très résistante. Hormis les dégâts consécutifs aux taupes et mulots (voir page 26), elle craint surtout deux ennemis :

– *Le phytophthora*
Cette maladie due à un champignon se produit à la suite d'un excès d'eau et entraîne le dépérissement de la bruyère avec des feuilles qui deviennent grisâtres et tombent au moindre choc. Cela peut aller jusqu'à la mort de la plante atteinte. En cas d'attaque, arrachez les plantes contaminées et brûlez-les. Evitez les arrosages excessifs et assurez-vous que le sol est bien drainé. A titre préventif, pulvérisez un fongicide spécifique sur les autres bruyères.

– *La cuscute*
Cette plante parasite peut envahir tout un massif de bruyères et les recouvrir entièrement de ses filaments roses. Il n'existe malheureusement pas d'autres remèdes que de détruire les plants attaqués en les brûlant.

Taillez la bruyère après floraison (ici, une calluna).

Kalmia angustifolia 'Rubra'.

Les kalmias

Pour remplacer les piéris dans les régions froides, retenez donc le kalmia, arbuste persistant de la même famille (Ericacées) et aussi rustique, sinon plus, que le rhododendron. Choisissez entre ses deux genres principaux (angustifolia et latifolia), tous deux originaires de l'est de l'Amérique du Nord.

Le kalmia angustifolia

Ce petit arbuste croît lentement, davantage en largeur qu'en hauteur. Il ne dépasse pas 1,50 m de haut à l'âge adulte. En juin, il épanouit de petits bouquets de fleurs rouge pourpré. On le surnomme laurier des moutons.

■ Cultivar

• **'Rubra'** : les fleurs pourpre foncé durent très longtemps et les feuilles, vert foncé, sont plus larges que chez le type.

Le kalmia latifolia

Cette espèce très rustique offre un développement plus important que la précédente, puisqu'elle dépasse 4 m de haut. Elle a l'allure d'un rhododendron, avec de grands corymbes de fleurs rose tendre, magnifiquement formés, entre mai et juillet selon les régions. Dans notre pays, cet arbuste reçoit l'appellation de laurier des montagnes.

■ Cultivars

• **'Dixter Pink'** : forme améliorée par ses fleurs rose clair, plus grandes que celles du type.
• **'Fresca'** : fleurs rose-lavande, maculé de bordeaux.
• **'Good Rich'** : grandes fleurs rose foncé.
• **'Myrtifolia'** : un kalmia nain (1 m de haut environ), à feuilles et fleurs plus petites que celles du type.
• **'Nipmuck'** : les boutons, d'un rouge intense, s'ouvrent rose pâle.
• **'Olympic Fire'** : très décoratif par ses boutons rouges qui dévoilent une floraison rose.
• **'Otsbo Red'** : forme assez compacte, dont les boutons rouge vif éclosent des fleurs rose clair.
• **'Pink Charm'** : des boutons rouges et des fleurs rose foncé, au centre plus clair.
• **'Silver Dollar'** : un cultivar précieux par sa floraison blanche. Les fleurs, très grandes, s'épanouissent à profusion.

Kalmia latifolia.

En pratique

■ L'emplacement

Cultivez le kalmia dans les régions froides (nord, est, montagnes) où il réussit mieux que dans les régions à climat doux. Si cet arbuste requiert les mêmes besoins que le rhododendron pour le sol, il préfère toutefois une exposition ensoleillée, mais non brûlante, pour fleurir généreusement. Il supporte à la rigueur un emplacement légèrement ombragé. De plus, étant rustique, il ne réclame pas de protection spéciale : en toutes régions, vous pouvez le planter dans un endroit dégagé où le sol reste bien frais tout au long de l'année, voire carrément marécageux pour le *Kalmia angustifolia*.

■ La plantation

Plantez le kalmia dès septembre-octobre, quand le sol ne s'est pas encore refroidi. Procédez le plus tôt possible afin que les racines soient bien établies avant les premières gelées. Arrosez régulièrement vos jeunes arbustes, d'autant plus copieusement que l'automne est sec.

Le trou à creuser présente les mêmes dimensions que pour les autres plantes de terre de bruyère : au moins 1 m de diamètre et 50-60 cm de profondeur. Au fond du trou, épandez une bonne dose de fumier ou de compost bien décomposé. Comblez le trou avec un mélange adapté : deux parts de terre de bruyère ou de terre de fougère et une part de tourbe brune acide ou de terreau de feuilles très bien décomposées. Dans un terrain calcaire, créez une fosse de terre acide spécialement tapissée et isolée comme nous l'avons expliqué (voir page 18). Tassez bien le mélange terreux avant la plantation : la mise en place effectuée, vous devez éviter de piétiner le sol autour des racines. En outre, pensez impérativement à immerger la motte dans un bac d'eau, toujours dans son conteneur, et laissez-la boire longtemps. Au milieu de la fosse préparée avec un mélange terreux bien tassé, creusez un petit trou du volume exact de celui du conteneur, aidez-vous au besoin du conteneur comme gabarit. Dépotez alors la plante et soulevez-la méticuleusement, sans la tenir par le tronc (voir page 14). Veillez à ne pas enterrer la motte : sa couche superficielle doit juste affleurer la surface du sol, arrosez.

Les années suivantes, prévoyez un apport d'engrais spécifique aux plantes de terre de bruyère. Epandez chaque automne une poignée de granulés au pied de chaque kalmia.

■ La taille

Comme pour les rhododendrons, nettoyez les kalmias après leur floraison : pour cela, contentez-vous de pincer les fleurs fanées à l'aide d'un sécateur. Mis à part le pincement, le kalmia n'exige aucune taille particulière. Si vous désirez rabattre des branches gênantes, opérez juste après la floraison afin de ne pas compromettre la suivante.

■ Une multiplication facile

Comme le rhododendron, le kalmia étale à sa base de nombreuses branches qui courent au niveau du sol. Rien n'est plus facile que de les marcotter.
Procédez à cette opération en août-septembre. Pour une réussite à 100 %, l'exposition doit être mi-ombragée. Si ce n'est pas le cas, protégez les jeunes marcottes des rayons du soleil en les entourant d'un rideau de branches feuillues, que vous renouvellerez dès que les feuilles seront tombées.
Afin de favoriser l'enracinement, grattez légèrement l'écorce (un carré de 2 cm de côté) sous la partie des tiges que vous allez enterrer, et badigeonnez cette section incisée d'hormones d'enracinement.
Enterrez les portions de tiges ainsi préparées sous un petit monticule constitué d'un mélange homogène de terre, de sable et de tourbe brune, en parts égales. N'hésitez pas à enfoncer un cavalier en fer afin de maintenir les marcottes enterrées. Arrosez-les copieusement, puis recouvrez chaque monticule d'un film de plastique noir afin de maintenir une humidité constante. Surveillez l'apparition des racines en tirant légèrement sur l'extrémité de la marcotte, après avoir enlevé le cavalier. Si vous rencontrez une résistance, c'est que l'enracinement s'est produit. Mais patience, cela peut prendre deux années, voire trois !
Dès que les racines ont été émises, vous pouvez sevrer la marcotte et installer le jeune kalmia à son emplacement définitif.
Déplantez-le alors avec le plus grand soin, en évitant de briser la motte.

■ Les ennemis spécifiques

Il n'y a aucun ennemi spécifique du kalmia qui est un arbuste extrêmement résistant s'il est planté dans de bonnes conditions. Seuls les mulots et les taupes (voir page 26) sont toujours à craindre. Dans un sol calcaire non adapté, la chlorose (voir page 24) est possible par suite d'une carence en fer.

MARCOTTEZ LE KALMIA

Comme le rhododendron, le kalmia développe de nombreuses branches qui rampent au sol.

En août-septembre, préparez une des tiges de la base : grattez légèrement l'écorce (sur un carré de 2 cm de côté). Poudrez cette section d'hormones d'enracinement.

Enterrez la partie travaillée sous un mélange de terre, de terre de bruyère et de sable en parts égales. Enfoncez un cavalier pour maintenir la marcotte en place.

Arrosez copieusement et couvrez le tout d'un film de plastique noir pour maintenir une humidité constante.

Vérifiez de temps en temps si l'enracinement s'est produit (soyez patient, cela peut prendre deux, voire trois ans).

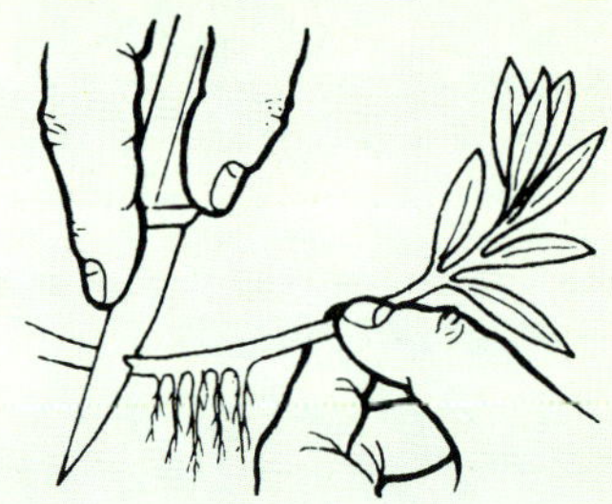

Si la marcotte possède suffisamment de racines, sevrez-la et installez le jeune kalmia à son emplacement définitif. Evitez, lors de l'opération, de briser la motte.

Kalmia latifolia 'Otsbo Red'.

Pieris hybride 'Forest Flame'.

Les piéris

Il est peu d'arbustes persistants qui peuvent se vanter d'offrir un feuillage aussi magique que celui du piéris. Surtout au printemps, alors que les jeunes pousses présentent un ton généralement rouge qui contraste par son éclat avec la teinte verte des feuilles de la saison précédente. Un spectacle d'autant plus saisissant quand, en outre, s'épanouissent de belles grappes de fleurs, le plus souvent blanches ou roses. Tous les piéris forment des buissons bien touffus aussi hauts que larges. Assez peu rustiques, ils doivent être réservés aux régions à climat plus doux que celui de l'Ile-de-France et plantés à l'abri des vents froids.

Le pieris formosa forrestii

Originaire du sud-ouest de la Chine, ce piéris forme un vigoureux arbuste de 3 m de haut, voire plus. Au printemps, sur des tiges cuivrées, les feuilles naissent rouge brillant avant de virer au vert foncé. En avril-mai, parmi le rouge et le vert du feuillage, s'ouvrent des fleurs blanches, légèrement parfumées, sur de longues panicules coniques. Réservez ce piéris aux régions les plus douces (Ouest, Midi).

■ Cultivar

• **'Wakehurst'** : une sélection superbe par son jeune feuillage apparaissant rouge vif, puis fanant rose et crème avant de devenir blanchâtre, puis vert pâle, et enfin vert foncé. Ce cultivar est sensible aux gelées printanières qui peuvent brûler les jeunes pousses. Dans un emplacement favorable, l'arbuste dépasse 5 m de hauteur et 5 m de diamètre.

Le pieris taiwanensis

Originaire de Formose, ce piéris épanouit en mars-avril des grappes érigées de belles fleurs blanches ressemblant aux clochettes du muguet. Il est plus rustique que les autres espèces et dépasse à peine 1,50 m de haut. Les jeunes feuilles apparaissent bronze.

■ Cultivar

• **'Crispa'** : diffère de l'espèce par ses feuilles aux bords ondulés, voire frisés.

■ Hybride

• **'Forest Flame'** : il résulte du croisement d'un *Pieris formosa forrestii* 'Wakehurst' et d'un *Pieris japonica*. Au printemps, parmi des grappes pendantes de fleurs blanches, le feuillage offre un véritable festival de couleurs : il naît rouge, mue en rose, puis en blanc crème avant de prendre sa teinte verte. L'arbuste atteint près de 2 m de haut.

Le pieris japonica

Du fait de sa floraison précoce, dès mars-avril, ce piéris originaire du Japon est sensible aux gelées printanières. Réservez-le aux régions à climat doux et plantez-le de préférence contre un mur orienté à l'ouest. Au printemps, ses feuilles brillantes naissent cuivrées avant de verdir. Les fleurs blanches viennent en grappes pendantes. L'arbuste dépasse 2,50 m de hauteur.

■ Cultivars

Tous ces piéris, sauf précision, atteignent de 1 m à 1,50 m de hauteur, voire davantage à l'âge adulte. Distinguons-les par le coloris de la floraison.

— fleurs blanches
Les fleurs blanches s'épanouissent en mars-avril, plus ou moins tôt selon les cultivars.

- **'Bert Chandler'** : un cultivar obtenu en Australie, dont le jeune feuillage est rose saumoné, avant d'être crème, puis blanc, et enfin vert.
- **'Dorothy Wyckhoff'** : piéris très rustique. Les boutons rouges ouvrent de grandes fleurs blanches. Les jeunes feuilles apparaissent marron clair.
- **'Flaming Silver'** : un superbe piéris au feuillage panaché d'argent, naissant rouge au printemps.
- **'Mountain Fire'** : particulièrement intéressant par la teinte rouge du feuillage qui persiste tout l'été. La floraison blanche est hâtive.
- **'Scarlett O'Hara'** : cultivar devant son appellation, non au coloris des fleurs, qui est blanc, mais à celui des jeunes feuilles écarlates.
- **'Select'** : la floraison blanc crème contraste joliment avec les jeunes pousses brun rougeâtre.

UN JOLI FEUILLAGE PANACHÉ

Si vous recherchez un piéris décoratif toute l'année, choisissez un de ces cultivars :

- **'Flaming Silver'** : extraordinaire par le coloris de son feuillage, d'abord rouge, puis vert panaché d'argent. Les fleurs sont blanches.
- **'Variegata'** : feuillage vert marginé de blanc jaunâtre, et floraison blanc nacré.
- **'White Rim'** : un piéris nain au feuillage vert marginé de blanc crème.

• **'Variegata'** : piéris de croissance lente au départ, mais pouvant atteindre 3 m de haut. Les feuilles, plus étroites que celles du type, sont marginées de blanc jaunâtre. Les fleurs sont blanc nacré.
• **'White Pearl'** : énormes grappes dressées de fleurs blanches. Le feuillage reste vert foncé toute l'année.

– *fleurs roses*
• **'Christmas Cheer'** : un cultivar japonais extrêmement rustique qui épanouit certaines de ses fleurs durant l'hiver. Les fleurs sont bicolores, blanches et roses, avec un ton rose foncé au sommet. La floraison se produit généreusement, même chez les jeunes arbustes.
• **'Flamingo'** : les fleurs rose foncé sont rouge prune en bouton. Les jeunes pousses naissent cuivrées.
• **'Pink'** : les fleurs rose pâle s'épanouissent tôt au sein de jeunes feuilles roses.
• **'Rosalinda'** : floraison rose pâle et jeunes pousses rose vif.
• **'Tickled Pink'** : les jeunes feuilles naissent roses puis se changent en crème. Les fleurs blanches, cireuses, ont le bord des pétales teinté de rose clair.
• **'Valley Rose'** : fleurs rose foncé parmi de jeunes feuilles roses.

En pratique

■ L'emplacement

Réservez les différents piéris aux régions offrant un climat plus doux que celui de l'Ile-de-France. Plantez-les à l'abri des vents froids, dans un sous-bois pas trop sombre, ou contre un mur exposé à l'ouest et protégé du soleil aux heures les plus chaudes.

■ La plantation

Plantez le piéris en septembre-octobre de préférence, sauf dans les régions les plus froides, où vous reporterez la mise en place en avril-mai, après les gelées. Le sol doit être riche et acide. Aussi, dans un terrain défavorable, adoptez un mélange de 2/3 de terre de bruyère et 1/3 de tourbe brune ou terreau de feuilles très bien décomposées. Si le sol est alcalin, aménagez une fosse spécialement isolée (voir page 18), afin d'éviter toute filtration de calcaire au niveau des racines du piéris.

Pieris japonica
'Dorothy Wyckhoff'.

Pieris japonica 'Variegata'.

Pour chaque pied, prévoyez un trou d'au moins 1 m de diamètre et de 50-60 cm de profondeur. Mélangez intimement les constituants indiqués et gorgez la tourbe d'eau si besoin est. Placez la motte de façon qu'elle affleure. Arrosez bien après la plantation, surtout si vous l'effectuez au printemps. Comme pour les autres plantes de terre de bruyère, faites un apport d'engrais acidifiant spécifique une fois par an, en automne.

■ La taille

Le piéris n'a absolument pas besoin d'être taillé. Toutefois, si des rameaux ont gelé à la suite d'un hiver rigoureux, attendez que la végétation reparte au printemps avant de les rabattre juste au-dessus de la dernière feuille encore verte. N'hésitez pas alors à tailler le piéris assez court si besoin est, et, si les sections coupées sont importantes, badigeonnez les plaies de goudron de Norvège pour éviter la pourriture.
Si votre piéris a tendance à trop s'étaler, et gêne les plantes voisines, rabattez les rameaux trop longs juste après la floraison.

■ Une multiplication facile

Le piéris se propage aisément par bouturage. Pour cela, fin juillet-début août, prélevez des pousses d'extrémité aoûtées, de 5 à 7 cm de long. Ne les laissez pas dessécher. Habillez-les rapidement en supprimant les feuilles de la base et en sectionnant la moitié de celles du haut. Badigeonnez ensuite la partie inférieure de chaque bouture avec une poudre d'hormones d'enracinement.
Plantez-les ensuite dans un mélange drainé à base de sable (2/3) et de terre de bruyère (1/3). Maintenez-les à l'étouffée : un moyen économique consiste à placer trois boutures par pot de 5 cm de diamètre que vous encapuchonnez d'un plastique transparent. Arrosez avant de recouvrir les pots et laissez-les ainsi durant 4 semaines. Enlevez alors le plastique afin d'endurcir les jeunes plants que vous repiquerez, à raison d'un par pot, un mois plus tard.
Durant l'hiver, conservez de préférence vos jeunes boutures sous châssis froid, et plantez-les à leur emplacement définitif au printemps, une fois les risques de gelée passés.

■ Les ennemis spécifiques

Hormis les ennemis et les problèmes de carence communs à toutes les plantes de terre de bruyère, déjà mentionnés dans les généralités (voir page 24), le piéris se montre très résistant. Son seul point faible : les gelées printanières ; c'est pourquoi il faut éviter de le planter dans les régions à climat froid.

BOUTUREZ LE PIÉRIS

Fin juillet-début août, prélevez des pousses d'extrémité de 5-7cm de long, sur des rameaux aoûtés (mi-ligneux).

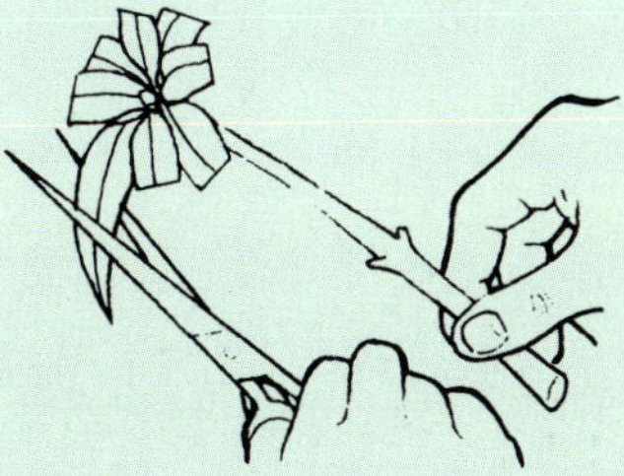

Supprimez les feuilles de la base : sectionnez à moitié celles du haut.

Enrobez la base des boutures de poudre d'hormones d'enracinement.

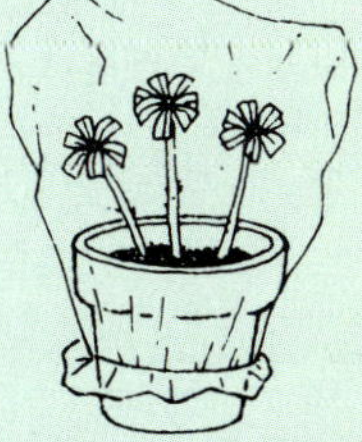

Plantez 3 boutures dans un pot de 5 cm de diamètre contenant un mélange de sable (2/3) et de terre de bruyère (1/3). Arrosez et couvrez le pot d'un plastique transparent.

Acer palmatum 'Osakazuki'.

Les érables du Japon

Arbustes ou petits arbres à feuillage caduc, les érables du Japon vivent vraiment au fil des saisons : les feuilles offrent en effet le bonheur de se métamorphoser en teintes superbes chaque automne, et parfois même, entre le printemps et l'été. De plus, leur dessin est réellement de toute beauté : elles ont la forme palmée typique des feuilles d'érable, avec des lobes encore plus fins et profondément découpés, et donnent une impression de grâce et de légèreté. En contrepartie, ces arbustes raffinés se montrent assez délicats pour le sol et l'emplacement. Mais si vous répondez exactement à leurs désirs dès la mise en place, vous observerez qu'il n'y a pas de plante plus facile à cultiver.
Il n'existe que deux espèces d'érable du Japon, importées d'Extrême-Orient : l'*Acer japonicum* et l'*Acer palmatum* qui compte de nombreux cultivars.

L'acer japonicum

Originaire du Japon, ce petit arbre a en fait l'allure d'un grand buisson arrondi, pouvant atteindre 5 m de hauteur, voire plus. Les feuilles comportent de 7 à 11 lobes moins profondément dentés que ceux de l'*Acer palmatum*. D'un vert moyen, elles virent en un lumineux rouge carminé à l'automne. Comme tous les érables, cette espèce mûrit des fruits décoratifs — ou samares — aux deux ailes caractéristiques.

■ Cultivars

• '**Aconitifolium**' : attrayant par son feuillage lacinié, profondément découpé, d'un vert vif l'été, prenant avant de tomber un coloris rouge écarlate avec des taches dorées, orangées et pourprées. Les samares, d'un roux pourpré, assurent elles aussi un joli décor en automne. L'arbuste, ou le petit arbre, peut dépasser 5 m de haut.
• '**Aureum**' : petit arbuste à la silhouette arrondie, de croissance lente — pas plus de 3 m de haut à l'âge adulte. Le feuillage, très dense, naît vert clair doré au printemps et devient rouge orangé à l'automne. Dans un emplacement trop ensoleillé, il risque de brunir en été.
• '**Vitifolium**' : vigoureux cultivar admirable surtout par ses teintes d'automne, mêlant le pourpre, le cramoisi, l'écarlate et l'orange, alors que le centre des grandes feuilles reste bien vert.

L'acer palmatum

Originaire du Japon, du centre de la Chine et de Corée, cette espèce forme un petit arbre à silhouette érigée jusqu'à 8 m de hauteur. Ses cultivars ont une forme arbustive plus ramassée. L'*Acer palmatum* offre des feuilles à 5 lobes profondément découpés : d'un vert vif, elles virent en une teinte bronze ou pourprée à l'automne. Les cultivars se distinguent par un feuillage encore plus fin et dentelé : de 7 à 11 lobes selon les types.
Si l'espèce type accepte de pousser en sol légèrement calcaire, elle préfère toutefois une terre riche, acide, fraîche mais bien drainée.

■ Cultivars

A part quelques exceptions signalées, la majorité de ces érables du Japon forme des arbustes, à silhouette généralement arrondie, plus compacts que l'espèce type – 1,50 m à 3 m de haut.
Pour faciliter votre sélection, ces *Acer palmatum* sont répertoriés par coloris de feuillage.

– feuillage plus ou moins pourpre
Ces différents cultivars ont un feuillage au coloris foncé, plus ou moins pourpre, coloris qu'il conserve du printemps à l'automne où il prend des tons magnifiques.
- **'Atropurpureum'** : original par la couleur rouge pourpre du feuillage dès le printemps. L'été, les feuilles s'obscurcissent et prennent un ton violacé léger.
- **'Beni-kagami'** : un vigoureux cultivar à silhouette gracieuse. Ses feuilles sont d'un séduisant rouge pourpré.
- **'Bloodgood'** : petit arbre à développement rapide dont les feuilles rouge foncé deviennent cramoisi vif en automne, avec de jolies samares orangées.
- **'Burgundy Lace'** : remarquable par la division extrême de son feuillage rouge pourpré aux lobes très étroits.
- **'Crimson Queen'** : un feuillage rouge foncé devenant écarlate vif en automne. Cet érable du Japon est nain.
- **'Dissectum Atropurpureum'** : cultivar nain aux feuilles pourpres, rougissant en automne.
- **'Dissectum Nigrum'** : érable nain très intéressant par le fin duvet blanc qui recouvre, au printemps, les jeunes pousses et les feuilles. Le feuillage rouge pourpré foncé devient plus lumineux en automne.
- **'Dissectum Ornatum'** : une forme naine au feuillage bronze rougeâtre.
- **'Nicholsonii'** : les feuilles rose-rouge prennent des tons de feu rouge vif à l'automne.
- **'Red Pygmy'** : feuilles linéaires, particulièrement fines et pourpres.

– feuillage panaché
Tous ces érables du Japon offrent un feuillage varié : soit il mêle joliment plusieurs teintes sur l'ensemble de la feuille, soit la couleur du bord contraste avec celle du centre de la feuille. Ils s'associent à merveille avec d'autres *Acer palmatum* à feuillage pourpre foncé qui les mettent en valeur.
- **'Butterfly'** : les feuilles vert pâle sont joliment panachées de crème et de blanc.
- **'Higasayama'** : les petites feuilles sont marginées de blanc et de rose. Cet érable du Japon présente un port érigé.
- **'Ukigumo'** : chez lui, le blanc prédomine sur le vert du feuillage. Ce

caractère panaché n'est malheureusement pas constant et a tendance à disparaître avec l'âge.
• **'Reticulatum'** : les feuilles jaune tendre ont des marges vertes et des nervures foncées.

– feuillage vert
Parmi ces érables du Japon à feuillage vert, différencions ceux qui naissent avec un feuillage vert dès le printemps de ceux dont le feuillage printanier offre une autre couleur, souvent pourpre. Tous prennent des coloris saisissants en automne.

Vert dès le printemps
• **'Dissectum'** : un érable nain dont les feuilles vert tendre virent au rouge, avec parfois un peu de jaune en automne.
• **'Dissectum Viridis'** : forme également naine, dont les feuilles vertes prennent de somptueuses teintes en automne.
• **'Filigree'** : un feuillage très fin, délicat comme de la dentelle, d'un vert très doux, légèrement argenté.
• **'Kamagata'** : un érable nain dont le feuillage vert pâle se métamorphose en jaune et orange à l'automne.
• **'Okushimo'** : feuilles vertes, frisées et profondément lobées.
• **'Osakazuki'** : une variété très appréciée pour ses flamboyants coloris d'automne ; ses feuilles vert vif se métamorphosent alors en rouge carmin et orangé. Cet érable vigoureux dépasse 4 m de haut.
• **'Ribesifolium'** : érable du Japon à port érigé mais à croissance lente. Les feuilles aux lobes très découpés sont vert foncé avant de virer au doré en automne.
• **'Seiryu'** : un des rares érables du Japon du groupe des *Dissectum* qui ne soit pas nain. Sa silhouette est érigée, son écorce d'un joli vert pâle. Ses feuilles vertes, finement découpées, sont écarlates en automne.
• **'Senkaki'** : un grand érable du Japon superbe par son écorce rouge corail, très décorative en hiver. Les jeunes branches prennent également ce ton au printemps. Les feuilles virent au jaune canari en automne.

Autres couleurs au printemps
• **'Deshojo'** : un cultivar surprenant par son feuillage printanier qui naissant d'un rouge brillant se change en vert clair durant l'été.
• **'Kinran'** : un cultivar insolite par son coloris. Les feuilles, à la nervure principale ponctuée de vert, naissent rouge pourpré vif. En été, elles deviennent vertes avec quelques tons rouges, avant de prendre un coloris doré vif taché d'écarlate.

Acer palmatum 'Senkaki'.

• **'Shishio'** : petit arbuste dont le feuillage naît écarlate vif au printemps avant de se muer en vert.

LES PLUS NAINS DES ÉRABLES DU JAPON

Les érables du Japon du groupe des *Dissectum* se distinguent par une croissance très lente et une taille très petite : à l'âge adulte, ils ne dépassent pas 1 m, voire 1,50 m de haut. En outre, leurs feuilles, très finement découpées, comportent 7, 9 ou 11 lobes étroits. En voici les principaux cultivars.

• **'Crimson Queen'** : feuillage rouge foncé.
• **'Dissectum'** : vert tendre.
• **'Dissectum Atropurpureum'** : pourpre.
• **'Dissectum Nigrum'** : feuilles rouge pourpré foncé.
• **'Dissectum Ornatum'** : feuillage bronze rougeâtre.
• **'Dissectum Viridis'** : vert.
• **'Garnet'** : feuillage rouge foncé.
• **'Inaba-shidare'** : feuilles pourpre foncé.
• **'Kamagata'** : un érable également nain, mais qui n'appartient pas au groupe des *Dissectum*. Le feuillage est vert pâle.

En pratique

■ L'emplacement

Si les érables du Japon se montrent capricieux sur un point, c'est bien sur celui de l'emplacement ! En effet, ces petits arbres exigent un peu de soleil afin que leur feuillage acquière son coloris naturel, panaché ou non, pendant la belle saison, et prenne de sublimes teintes d'automne. Mais pas trop toutefois, sous peine de voir les feuilles griller durant l'été...
A vous de dénicher une exposition mi-ombragée, laissant toutefois pénétrer suffisamment de soleil et de lumière pour bénéficier des riches effets de couleurs de ces *Acer* !

PAS DE COURANTS D'AIR

Les érables du Japon craignent les courants d'air, surtout les glaciaux venus de l'est ou du nord. Protégez-les donc en priorité de ces vents froids.

■ La plantation

Comme la plupart des plantes de terre de bruyère, les érables du Japon sont vendus en motte ou en conteneur, jamais à racines nues. Mettez-les en place de préférence en automne, surtout dans les régions les plus sujettes à des sécheresses en été : dès septembre pour les érables proposés en conteneur, à partir de la mi-octobre pour ceux en motte.
Avec ces végétaux, il importe tout particulièrement de manipuler la motte avec la plus grande attention, ceci afin d'éviter de briser les racines. Si, lors de la plantation, le mélange terreux de votre arbre vous paraît sec, trempez la motte dans un bac d'eau, avant même d'enlever la tontine ou le conteneur. Une fois la motte bien humectée, débarrassez-la de son enveloppe et maniez la plante en la soulevant avec précaution, les deux mains sous les racines (voir généralités page 14).
L'idéal est d'avoir préparé des trous plusieurs semaines avant la plantation. Pour chaque arbre, prévoyez un trou de 1 m de diamètre et de 60-70 cm de profondeur. Dans un sol mal drainé, commencez par disposer au fond du trou une couche de drainage de cailloux ou de graviers de 15 cm de hauteur.
Si la terre est alcaline (pH supérieur à 7), aménagez une fosse isolée comme nous l'avons expliqué dans la première partie (voir page 18), car les érables du Japon ne tolèrent pas la présence de calcaire, mis à part de rares exceptions, tel l'*Acer palmatum* type lui-même.

PAS D'ENGRAIS, BEAUCOUP D'EAU

Au cours des années suivant la plantation, l'apport d'engrais s'avère inutile, l'érable du Japon ne fleurissant pas aussi majestueusement qu'un rhododendron ou une azalée. Toutefois, si votre arbuste a du mal à repartir ou végète, épandez à son pied une poignée d'engrais spécial pour les plantes de terre de bruyère. Procédez en automne et renouvelez cet apport un an après, si besoin est. Après la plantation, l'érable du Japon exige seulement de copieux arrosages : ses racines doivent être maintenues constamment au frais. Pour cela, paillez vos jeunes plants d'érables du Japon lors des premiers étés : épandez à leur pied une couche d'écorces de pin ou de déchets de tonte sur 5 cm de haut.

Dans tous les cas, le mélange terreux préconisé est le même : deux volumes de terre de bruyère pour un volume de tourbe brune ou de terreau de feuilles très bien décomposées. Mélangez bien ces deux constituants à l'aide d'une fourche-bêche ; si la tourbe installée est sèche, n'hésitez pas à la gorger d'eau, juste avant la plantation.

Ensuite tassez bien ce mélange terreux et façonnez une petite cuvette de même volume que celui de la motte de terre de la plante. Ainsi vous n'aurez plus qu'à déposer l'érable du Japon dans ce petit trou et à l'arroser copieusement. La surface de la motte doit atteindre le niveau du sol.

LES PREMIERS HIVERS

Les jeunes sujets d'érable du Japon s'avèrent particulièrement sensibles aux gelées les premières années. Protégez-les donc : paillez leur pied d'un épais matelas de fougères ou de paille. Si le froid est vraiment très vif, n'hésitez pas à les entourer — sans les recouvrir — de plastique et de fougères ou de pailles sèches. Avec l'âge, les érables du Japon semblent s'aguerrir aux rigueurs des hivers.

■ La taille

L'érable du Japon ne réclame aucune taille particulière. Si vous désirez toutefois donner une forme plus régulière à un arbuste de quelques années, vous pouvez rabattre légèrement quelques branches durant l'hiver, juste après la chute des feuilles.

■ Une multiplication simple

Il n'existe pas de multiplication simple, à la portée de l'amateur des érables du Japon. Les professionnels les propagent, le plus souvent, par greffage.
Cependant, si vous disposez d'espèces botaniques pures comme l'*Acer japonicum* ou l'*Acer palmatum*, vous pouvez vous amuser à semer des samares, ces jeunes fruits ailés qui s'envolent en automne au moindre vent. Après la récolte, conservez les samares au sec. En mars, stratifiez les graines durant deux ou trois jours dans du sable humide, puis semez-les sous châssis froid. Après la levée, protégez les jeunes plants des dernières gelées. Durant l'été suivant, maintenez-les relativement au sec afin de les endurcir. Au bout de deux ans, vous pourrez repiquer ces plants en pleine terre.
Avec les cultivars, la fidélité de la reproduction par semis est très variable : certains, comme l'*Acer palmatum* 'Atropurpureum', donnent 80 % de plants du même cultivar et 20 % redonnent l'espèce type, *Acer palmatum*. D'autres engendrent, par semis, des plants très divers. Ce type de reproduction n'est donc pas très fiable ; néanmoins, il ne coûte rien de l'essayer.

Acer japonicum 'Aureum'.

■ Les ennemis spécifiques

Planté en sol riche et acide dans de bonnes conditions, l'érable du Japon se montre particulièrement résistant. Comme tous les végétaux de terre de bruyère, il est sensible aux ennemis indiqués dans les généralités (voir page 24).

– *L'araignée rouge*

Outre les ravageurs déjà mentionnés dans cette partie, le seul qu'il ait vraiment à craindre est l'araignée rouge (*Panonychus ulmi*). Ses attaques sont plus fréquentes par temps chaud et sec. Ce minuscule insecte (0,3-0,4 mm de long) brun-rouge vit en colonies au revers des feuilles, et se multiplie au rythme de 5 à 8 générations par an, selon les conditions climatiques. En cas de pontes abondantes, vous pourrez observer le développement de zones rougeâtres sur l'écorce de vos érables du Japon. Pour enrayer leur extension, pulvérisez un acaricide (un insecticide spécifique aux araignées rouges) sur l'écorce et au revers des feuilles. Renouvelez le traitement trois semaines après si besoin est. De plus, si le temps est très sec, n'hésitez pas à bassiner régulièrement les feuilles de vos érables.

PAS D'EXCÈS DE SOLEIL OU DE VENT Comme nous l'avons déjà souligné, l'érable du Japon ne tolère ni une luminosité trop importante ni les courants d'air : des excès se traduisent inévitablement par un dessèchement du feuillage, comme si la plante avait été attaquée par un ravageur.
Seule solution : attendre l'automne suivant pour transplanter l'érable du Japon. Veillez à ne pas briser la motte lors de l'arrachage et du déplacement. Mettez-le alors dans un endroit bien abrité et pas trop ensoleillé.

Acer palmatum 'Ukigumo'.

LES PSEUDO-PLANTES DE TERRE DE BRUYÈRE

A côté des vraies plantes de terre de bruyère que nous venons de décrire, les hydrangéas et les magnolias figurent dans une classe à part. Comme les camellias, les rhododendrons ou les azalées en effet, ces deux genres se plaisent dans un sol riche et frais, mais le caractère acide de la terre ne fait pas l'unanimité chez toutes leurs espèces. Ainsi, les Magnolia acuminata *ou* sinensis *s'avèrent indifférents quant à la nature du sol, tandis que la plupart des* Hydrangea *viennent en tous terrains, pas forcément acides, pourvu qu'ils soient dépourvus de calcaire. C'est pourquoi nous classons magnolias et hydrangéas parmi les pseudo-plantes de terre de bruyère.*

Les hydrangéas

Arbuste irremplaçable pour fleurir l'ombre durant la belle saison, tel se présente le genre *Hydrangea*. A une exception près, l'espèce *paniculata*, qui requiert un lieu ensoleillé pour déployer en masse ses prodigieuses panicules. Toutes les espèces ont un feuillage caduc, à part une forme grimpante extrêmement rare, l'*Hydrangea serratifolia*. En ce qui concerne le sol, toutes les espèces réclament une terre riche en humus et fraîche. Pas forcément acide. Voilà pourquoi les hydrangéas ne figurent pas parmi les vraies plantes de terre de bruyère. Il existe toutefois des variantes selon les espèces : ainsi, les *Hydrangea macrophylla, paniculata* et *serrata* redoutent la présence de calcaire dans le sol. Commençons par l'espèce la plus connue, l'*Hydrangea macrophylla* ou hortensia, avant d'aborder l'*Hydrangea paniculata*, puis toutes les autres espèces botaniques disponibles chez nous. Là encore, le choix est vaste !

Hydrangea macrophylla 'Mariesii'.

Les vrais hortensias

Au jardin, les hydrangéas les plus plantés sont les fameux hortensias, en fait des cultivars d'*Hydrangea macrophylla*, une espèce originaire de la côte est du Japon, connue là-bas sous le nom « Otaksa ». Les premières introductions en Europe datent de 1788. Nos hortensias actuels résultent d'hybridations complexes de plusieurs *Hydrangea macrophylla* entre eux, ou de cette espèce avec l'*Hydrangea serrata*.
L'attrait essentiel de ces hortensias, c'est l'exceptionnelle durée de leur floraison qui, s'ils sont situés à mi-ombre et bénéficient d'apports d'eau réguliers lors de sécheresse persistante, se prolonge tout l'été, de juillet à septembre.

■ Les meilleurs cultivars

Faute de pouvoir énumérer la totalité des cultivars d'*Hydrangea macrophylla*, contentons-nous de citer les plus intéressants parmi ceux que vous trouverez facilement. Tous épanouissent de grosses têtes globuleuses de fleurs stériles (ou fleurons), à part certains hybrides qui se singularisent par des inflorescences plates.

- **'Ami Pasquier'** : un cultivar compact (60-80 cm de haut) aux fleurs rouge vif.
- **'Ayesha'** : un hydrangéa d'aspect insolite : les feuilles sont vigoureuses, d'un vert brillant à l'avers. Les inflorescences lilas sont plutôt aplaties et dotées d'un parfum léger mais typique.
- **'Chaperon Rouge'** : floraison précoce, rouge carmin.
- **'Générale Vicomtesse de Vibraye'** : les fleurs rose vif peuvent joliment bleuir si un traitement spécifique est appliqué.
- **'Goliath'** : cultivar parfait pour le bord de mer, dont les têtes, plutôt petites, sont composées d'énormes fleurons rose vif.
- **'Hamburg'** : grands fleurons rouges.
- **'Mme Emile Mouillère'** : très apprécié pour sa floraison permanente (en climat doux). Les grands fleurons blancs ont un œil rose ou bleu. Une variété idéale contre un mur en plein nord.
- **'Masja'** : énormes fleurons rose foncé.
- **'Merveille Bleue'** : insolite par le coloris plus ou moins bleuté de ses fleurs, selon la nature du sol.
- **'Merveille Rose'** : le même hortensia, en version rose foncé éclatant.
- **'Merveille Sanguine'** : ravissant par le contraste du feuillage brun pourpré et des fleurs rouge carminé.

Hydrangea macrophylla 'Générale Vicomtesse de Vibraye'.

• **'Nigra'** : admirable surtout par la teinte presque noire de ses tiges. Les fleurs sont roses ou bleues selon la nature du sol.
• **'Rosita'** : un cultivar trapu, à floraison rose vif, plutôt tardive.
• **'Sœur Thérèse'** : floraison précoce d'un blanc immaculé.

■ Les hortensias à fleurs plates

Ces hybrides, surnommés *Lacecaps* par les Anglais, se remarquent par leurs curieuses têtes plates composées d'un large centre de fleurs fertiles, qui est entouré d'un petit anneau de fleurons (fleurs stériles) colorés. Il en existe peu de variétés. Leur développement est comparable à celui des hortensias classiques (1,50-2 m de haut, sauf précision).
• **'Blaumeise'** : les inflorescences aplaties ont un centre bleu cerclé d'une couronne de fleurons bleu violacé.
• **'Blue Wave'** : l'un des plus connus de ces hydrangéas. Le cœur de fleurs fertiles bleues est ceint d'une couronne bleu gentiane si le sol est acide (rose sinon). L'arbuste est très vigoureux.
• **'Geoffrey Chadbund'** : les fleurs sont rouges, quelle que soit la nature du sol.
• **'Lanarth White'** : un superbe cultivar à fleurs bleu vif ou roses entourées de fleurons blancs.
• **'Libelle'** : hybride à grandes feuilles, dont les fleurs ont un énorme centre bleu et une couronne blanc crème.
• **'Mariesii'** : les fleurs roses sont entourées d'énormes fleurons, roses également, bleus en sol acide.
• **'Sea Foam'** : un bel arbuste assez trapu, à fleurs bleues ceintes d'une couronne blanche. Idéal en bord de mer ou dans un lieu abrité des vents froids.
• **'Tricolor'** : remarquable surtout par son feuillage panaché de vert, gris et jaune pâle. Une nuée de grandes inflorescences rose pâle à blanches.
• **'Veitchii'** : les fleurs centrales, bleues, sont ceintes de fleurons blancs à rose pâle. Ce magnifique hydrangéa exige la mi-ombre. Il s'avère très rustique et tolère même un sol assez alcalin.
• **'White Wave'** : un hybride assez trapu, mais très vigoureux, d'autant plus florifère qu'il se trouve en situation dégagée. Le centre aplati de fleurs bleuâtres ou rosâtres est cerclé d'un anneau fait d'énormes fleurons blanc porcelaine, très joliment formés.

POUR AVOIR DES FLEURS VRAIMENT BLEUES Lors de la description de tous ces hortensias à inflorescences globuleuses ou aplaties, vous avez pu remarquer que la couleur bleue n'est pas toujours garantie. Dans les régions à sol naturellement acide, et d'origine schisteuse, les hydrangéas bleus gardent spontanément ce ton. Ailleurs, ils risquent de prendre un coloris rose. Le remède : plantez-les dans une fosse de terre acide, au pH compris entre 4,5 et 5, et épandez des engrais spécifiques pour hortensias bleus. Ces engrais sont riches en sulfates d'alumine ou en aluns d'ammoniac, substances qui favorisent le bleuissement des fleurs. Faites trois apports espacés d'un mois à partir de la fin avril. Vous pouvez également apporter, en surface, de la poudre d'ardoises pilées ou des écorces de pin, mais les résultats ne sont pas toujours certains.

Les hydrangea paniculata

Ces hydrangéas sont précieux par leurs grandes panicules de fleurs stériles, vraiment coniques, qui font un peu penser à celles du lilas. Originaire du Japon et de l'est et du sud de la Chine, l'*Hydrangea paniculata* a été introduit en Europe en 1861. La floraison se produit sur le bois de l'année, plutôt en fin d'été ou en automne, selon les cultivars.
Pour réussir cet hydrangéa, plantez le de préférence au soleil, car il fleurit mieux à cette exposition. Les racines doivent cependant bénéficier d'un sol frais et non alcalin.

■ Cultivars

Il n'existe que six cultivars de cette espèce, formant tous de vigoureux arbustes de 1,50 m à 2 m de haut.
• '**Floribunda**' : très longue floraison blanche de la mi-juillet à septembre.
• '**Grandiflora**' : étonnant par ses énormes panicules de fleurs blanches virant au rosé à la fin de la floraison.
• '**Kyushu**' : cultivar assez trapu, aux tiges dressées et aux grandes feuilles presque gaufrées. Les panicules sont blanc crème.
• '**Praecox**' : un vigoureux hydrangéa atteignant rapidement plus de 2,50 m de haut. Ses panicules blanches, assez petites, en avance de six semaines par rapport à celles de 'Grandiflora', sont en fleur dès la fin juin.

• **'Tardiva'** : hybride se singularisant par sa floraison très tardive, en automne. Les panicules blanches portent de nombreux fleurons.
• **'Unique'** : un cultivar à floraison précoce dont les panicules blanches sont encore plus grandes que celles de 'Grandiflora'.

DES PANICULES ENCORE PLUS GRANDES Avec les cultivars 'Grandiflora' et 'Unique', si vous cherchez à obtenir des panicules encore plus grandes, suivez ces conseils à la lettre. Tout d'abord, plantez votre *Hydrangea paniculata* dans une bonne terre de jardin, bien enrichie. Rabattez l'arbuste au printemps, avant que la végétation ne redémarre. Quand les jeunes pousses mesurent quelques centimètres, supprimez sans hésitation les plus faibles, et conservez seulement une dizaine de rameaux pour un arbuste de 50-70 cm de haut. Gardez-en plus pour un hydrangéa plus étoffé. Au pied des arbustes, épandez du fumier bien décomposé, en guise de paillage.

Les autres espèces botaniques

Outre les *Hydrangea macrophylla* et *paniculata* qui sont les plus répandus, existent plusieurs espèces botaniques intéressantes comme l'hydrangéa à feuilles de chêne (*Hydrangea quercifolia*) ou une superbe forme grimpante, l'*Hydrangea petiolaris*.

■ Hydrangea arborescens

Malgré sa floraison continue de juin à septembre, sa vigueur et sa rusticité, cette espèce botanique originaire de l'est des Etats-Unis est peu appréciée. Elle forme un arbuste de 1 à 3 m de haut, à port assez lâche. Les corymbes de petites fleurs blanches sont bien moins attrayants que les inflorescences des cultivars.
Pour réussir cet hydrangéa, qui n'est pas difficile, vous pouvez vous permettre toutes les expositions (sauf les emplacements brûlants), et tous les sols pourvu qu'ils restent assez frais l'été.

Hydrangea paniculata
'Grandiflora'.

— *Cultivars*
• **'Annabelle'** : un vigoureux hydrangéa — 5 à 8 m de haut — qui produit d'énormes ombelles blanches durant tout l'été.
• **'Grandiflora'** : un joli cultivar, rustique au point d'être le meilleur hydrangéa pour les régions froides. Ses grandes têtes de fleurs crème s'épanouissent tout l'été. Leur seul défaut : leur poids qui fait souvent ployer les tiges.

■ Hydrangea aspera

Une magnifique espèce, originaire de l'est de l'Asie. L'arbuste vigoureux, aux grandes feuilles, dépasse 4 m de hauteur et davantage de diamètre. En juin et juillet, il est couvert de grandes têtes de fleurs fertiles, bleu porcelaine, entourées d'un anneau de fleurons (fleurs stériles) blancs ou lilas.
Pour réussir cet hydrangéa, plantez-le dans un sol qui ne se dessèche pas l'été mais ne reste pas détrempé l'hiver. Sachez que c'est l'une des seules espèces d'*Hydrangea* à supporter un terrain calcaire. L'exposition lui est indifférente. L'arbuste se montre cependant sensible aux gelées printanières tardives, surtout dans son jeune âge.

— *Cultivars*
• **'Macrophylla'** : un cultivar pour la mi-ombre, à fleurs stériles, bleues et roses.
• **'Mauvette'** : les ombelles plates, mauves, sont entourées d'un anneau blanc. Les grandes feuilles vert foncé sont duveteuses.
• **'Sargentiana'** : magnifiques inflorescences au centre mauve bleuté et à couronne blanche. Cet hydrangéa se singularise par l'aspect velouté de ses grandes feuilles vert foncé au revers plus clair, et par le duvet rougeâtre qui recouvre les jeunes pousses.

UN GRIMPANT, L'HYDRANGEA PETIOLARIS

Idéal sur une façade en plein nord ou ombragée, l'*Hydrangea petiolaris* s'accroche tout seul avec ses crampons. Cette espèce, originaire du Japon et de Corée, est très vigoureuse et rustique puisqu'elle peut dépasser 20 m de haut. A tel point qu'elle grimpe allègrement aux arbres. La floraison s'effectue dès juin : d'énormes corymbes blanc crème avec plusieurs grands fleurons blancs sur le bord.
Pour réussir cet hydrangéa, plantez-le au nord, dans tout type de terre.

Hydrangea aspera.

• **'Villosa'** : un superbe hydrangéa dont les feuilles, très fines, allongées, et les tiges sont poilues. La floraison se produit en fin d'été : grandes ombelles de fleurs fertiles bleues, cerclées d'une couronne de fleurons blancs.

■ Hydrangea quercifolia

Cet hydrangéa originaire du sud-est des Etats-Unis est très décoratif par ses feuilles, découpées comme celles d'un chêne, qui prennent de somptueuses teintes cramoisies, pourpres et orangées en automne. Il forme un buisson arrondi de 1 m à 1,50 m de haut. Durant l'été, naissent de nombreuses panicules blanches dont les fleurs stériles rougissent en fin de saison.
Réservez cet hydrangéa moyennement rustique de préférence aux régions à climat doux et plantez-le dans un sol frais et assez riche, en un lieu abrité, pas trop ombragé. Le plein soleil est possible à condition que les racines trouvent une fraîcheur permanente, sous un paillage de terreau de feuilles par exemple.

– *Cultivar*
• **'Snow Queen'** : forme améliorée par la qualité de ses panicules blanches qui comprennent uniquement de grandes fleurs stériles.

■ Hydrangea serrata

Un ravissant petit arbuste (1 m environ de haut) originaire du Japon et du sud de la Corée. En été s'épanouissent des corymbes aplatis de fleurs blanches ou bleues, entourés d'un bel anneau de fleurons blancs, roses ou bleus, devenant pourpres en automne. Pour réussir cet hydrangéa, plantez-le en sol frais, non calcaire, à exposition mi-ombragée. Il s'avère très rustique. Si des tiges subissent les méfaits de fortes gelées, rabattez-les au niveau du sol : elles repartiront.

– *Cultivars*
• **'Acuminata'** : il diffère de l'espèce type par ses feuilles plus longues et ses fleurons presque toujours bleutés.
• **'Bluebird'** : un hydrangéa vigoureux et rustique, qui se montre exceptionnellement résistant à la sécheresse. La floraison est précoce : corymbes de fleurs fertiles bleues, entourés d'un grand anneau rouge pourpré, bleu en sol acide. Les feuilles rougissent en automne.
• **'Grayswood'** : les fleurons, d'abord blancs, deviennent roses puis pourpres. Les fleurs fertiles du centre sont bleues.
• **'Nikko Blue'** : ombelles bleu foncé. Le feuillage rougit en automne.
• **'Preziosa'** : un cultivar très rustique qui se singularise par ses têtes

globuleuses comme celles d'un hortensia, et ses jeunes feuilles teintées de brun rougeâtre. Aussi florifère au soleil qu'à mi-ombre. D'abord roses, les fleurs foncent peu à peu pour prendre un coloris rouge pourpré. Les feuilles aussi rougissent en automne.
• **'Rosalba'** : hydrangéa au port érigé, dépassant rarement 1 m de haut. Les fleurs fertiles roses sont ceintes d'une couronne de fleurons blancs, se teintant ensuite de taches cramoisies.

En pratique

■ L'emplacement

Tous les hydrangéas requièrent un lieu ombragé ou en plein nord, à une exception près, l'*Hydrangea paniculata*, qui exige beaucoup de soleil pour fleurir. Ne le placez cependant pas dans un endroit brûlant – contre un mur plein sud par exemple, il ne le supporterait pas. Pour la plupart d'entre eux, les emplacements à l'ouest ou à l'est conviennent, quand le sol est toujours frais. En bord de mer frais (côte ouest et nord), toutes les expositions sont permises, sauf pour l'*Hydrangea petiolaris* qui n'accepte de grimper que sur une façade au nord.

■ La plantation

Plantez vos hydrangéas de préférence à l'automne ; ainsi, ils bénéficient des pluies de la mauvaise saison, et sont davantage parés à affronter les éventuelles sécheresses de l'été que des pieds mis en place au printemps.
Creusez un trou de 60 cm de profondeur et 1 m de diamètre. Quelle que soit la nature du sol, incorporez une bonne dose de tourbe blonde et mélangez-la intimement à la terre enlevée, en volumes égaux. Cet apport de tourbe est vraiment indispensable dans les régions côtières où le sol, très sablonneux, est trop perméable et ne retient pas l'eau. Enfouissez également du fumier ou du compost bien décomposé, à raison d'une demi-brouette par trou. Pour planter correctement un hydrangéa, n'enfouissez pas trop sa motte, sa surface arrivant juste au ras du sol. Au besoin ménagez au pied de l'arbuste une petite cuvette destinée à récupérer les eaux d'arrosage ou de pluie.

EN SOL CALCAIRE

• Si le sol est très alcalin (pH supérieur à 8), ne plantez pas d'hydrangéa sans prévoir une fosse tapissée d'un film isolant (voir page 20). Remplissez ce trou d'un mélange à parts égales de bonne terre de jardin non calcaire, de terreau et de tourbe brune, et enrichissez-le de fumier ou de compost bien décomposé.
• Si le sol est légèrement alcalin (pH compris entre 7 et 8), vous pouvez adopter bon nombre d'hydrangéas moyennant la précaution suivante : pour vous assurer que la terre ne se dessèche pas, surtout durant l'été, mélangez de la tourbe brune acide en quantité égale à celle de la terre enlevée. Plantez ainsi tous les hydrangéas, sauf les espèces *macrophylla, serrata* et *paniculata*, allergiques au calcaire, même léger, pour lesquelles vous devez prévoir une fosse spéciale.

■ La taille

Les hydrangéas se contentent d'un nettoyage des têtes fanées en automne : coupez-les alors une à une au sécateur, juste au-dessus d'un gros bourgeon vert.
Tous les 7-8 ans, vous pouvez rajeunir la silhouette de l'arbuste : pour cela, rabattez-le sévèrement en lui donnant une jolie forme arrondie. Supprimez toutes les branches mortes, et taillez les rameaux verts juste au-dessus de gros bourgeons visibles. Procédez en automne avec toutes les espèces, sauf pour l'*Hydrangea paniculata* qui doit être taillé au printemps lorsque la végétation redémarre.

■ Une multiplication facile

Tous les hydrangéas se multiplient très facilement par bouturage. Cette opération fort aisée et très rapide réussit à tous les coups, et est à la portée de tout débutant. Condition primordiale : bouturer très tôt, dès le début du mois de juillet, à la différence de la plupart des arbustes que l'on ne bouture qu'en août-septembre.
Au début de l'été, prélevez des boutures de 10 cm sur des rameaux d'extrémité, sains et vigoureux, dépourvus de fleurs ou de boutons floraux. Coupez chaque bouture de façon qu'elle ne comporte plus que trois paires de feuilles, plus un bourgeon terminal que vous ne taillez pas.
Habillez la bouture : supprimez la paire de feuilles de la base, et sectionnez toutes les autres feuilles à moitié. A l'aide d'un couteau tranchant, taillez la base de la bouture juste sous les bourgeons.
Enrobez la base de la bouture d'une poudre d'hormones d'enracinement, puis

TAILLEZ L'HYDRANGÉA

1. TAILLE D'ENTRETIEN (TOUS LES ANS)

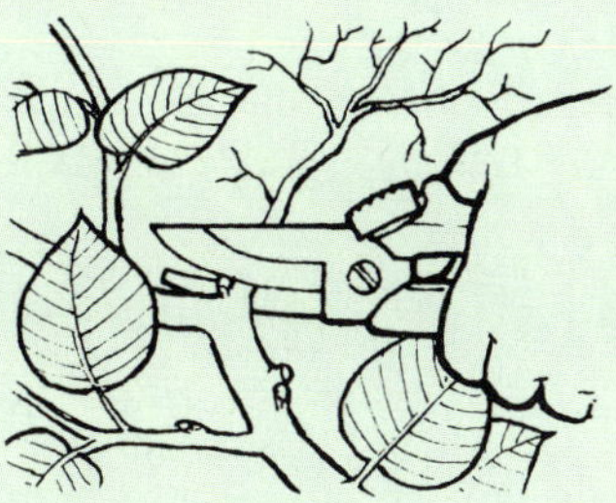

En automne, à l'aide d'un sécateur, coupez les têtes fanées, juste au-dessus d'un gros bourgeon vert. Profitez-en pour supprimer les branches mortes.

2. TAILLE DE RAJEUNISSEMENT (TOUS LES 7-8 ANS)

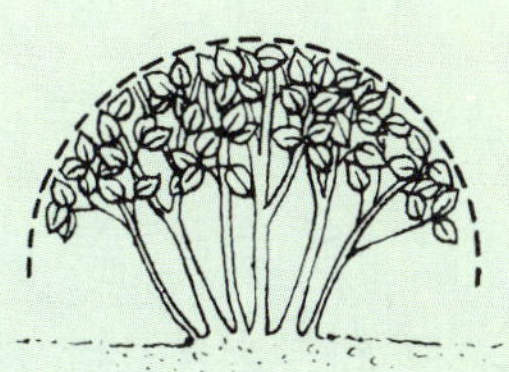

En automne, rabattez sévèrement l'arbuste, toujours en taillant au-dessus des gros bourgeons verts. Débarrassez-le des branches mortes. **Attention :** *la taille de rajeunissement de l'hydrangéa paniculata doit être faite au printemps, lorsque la végétation redémarre.*

BOUTUREZ L'HYDRANGÉA

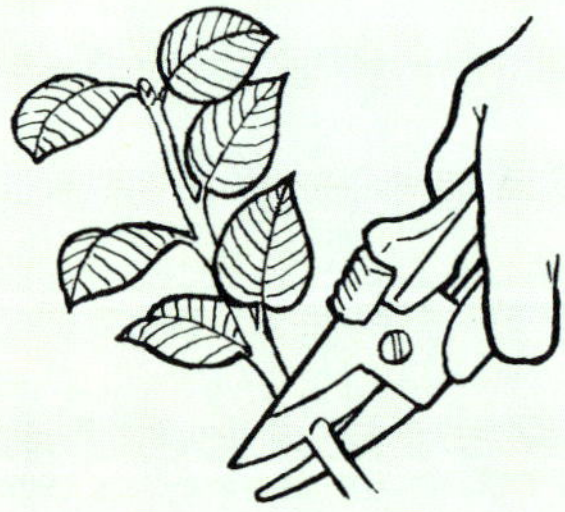

Au début de l'été, prélevez des boutures de 10 cm sur des rameaux d'extrémité vigoureux, dépourvus de fleurs ou de boutons floraux. Chaque bouture doit comporter 3 paires de feuilles et un bourgeon terminal.

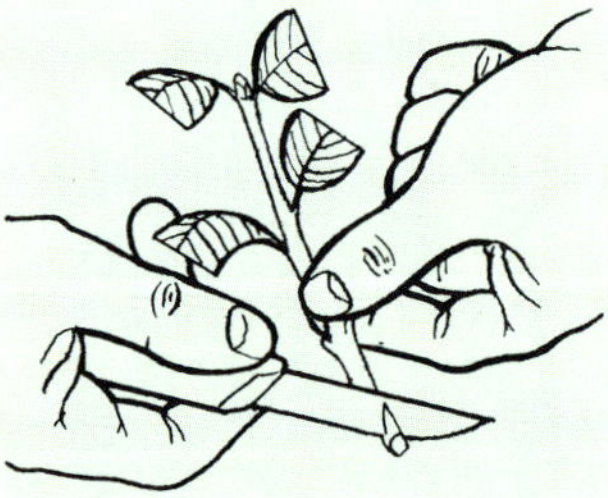

Supprimez la paire de feuilles de la base et coupez les autres à moitié. A l'aide d'un couteau tranchant, taillez la base de la bouture sous les bourgeons.

Enrobez la base de la bouture de poudre d'hormones. Tapotez-la pour éviter tout excès de poudre.

Placez chaque bouture dans un godet rempli d'un mélange de sable et de terreau en parts égales. Vous pouvez encapuchonner chaque plante d'un plastique transparent (facultatif).

Enterrez chaque godet dans de la tourbe maintenue humide, dans une caissette conservée à mi-ombre.

tapez-la avec un doigt afin d'éviter tout excès de cette poudre sur la tige. Plantez ensuite chaque bouture dans un godet rempli d'un mélange très aéré, constitué de sable et de terreau à parts égales. Pour favoriser la reprise, vous pouvez bouturer à l'étouffée, en encapuchonnant chaque plante dans un plastique transparent, mais ce n'est pas indispensable.
En revanche, veillez à enterrer chaque godet dans de la tourbe maintenue constamment humide, au sein d'une caissette en polystyrène (comme celles des poissonniers). Conservez les boutures à mi-ombre, au pied d'un mur au nord par exemple. Durant tout l'été, arrosez-les quotidiennement. Dès la Toussaint, vous pourrez planter chaque jeune pied à son emplacement définitif, en veillant à ne pas briser la motte.

■ Les ennemis spécifiques

Si les hydrangéas risquent d'être la proie de nombreux ravageurs et maladies s'ils sont cultivés sous serre pour être rapidement commercialisés, une fois établis au jardin, ils n'ont plus rien à craindre et s'avèrent très résistants. Seule la chlorose (voir les généralités en page 24) est possible si le sol est trop calcaire. Elle se manifeste par le jaunissement des feuilles. Dans ce cas, il faut évidemment déplanter méticuleusement le jeune arbuste, et ce quelle que soit la saison, et l'installer dans un sol adéquat, voire au sein d'une fosse spécialement aménagée, si besoin est.

GARE AUX DÉSHERBANTS !

L'hydrangéa se montre particulièrement sensible à l'action des produits désherbants. Faites donc bien attention, lorsque vous désherbez une allée à proximité de cet arbuste, de traiter suffisamment loin afin de ne pas pulvériser de liquide sur les feuilles ou au niveau des racines.

Magnolia kobus.

Les magnolias

Les magnolias constituent eux aussi un vaste genre, avec de multiples espèces botaniques originaires de l'est de l'Asie ou de l'est des Etats-Unis, et d'innombrables hybrides obtenus depuis le début du siècle. Un vaste genre : qu'y-a-t-il en effet de commun entre le bel hybride à feuillage caduc que constitue le *Magnolia* x *soulangeana* et le géant à feuillage persistant qu'est le *Magnolia grandiflora ?* Peu de choses, si ce n'est le charme indéniable de leur floraison. Il est difficile de classer le magnolia parmi les vraies plantes de terre de bruyère étant donné les exigences différentes des divers espèces et hybrides : certains magnolias préfèrent un sol acide et s'avèrent franchement allergiques au calcaire, d'autres se montrent indifférents. En revanche, tous réclament une terre riche, restant constamment fraîche, voire même humide durant l'été.

Les espèces botaniques

Pour leur grande majorité, les magnolias sont originaires d'Asie orientale, de la Malaysia à la Corée, en passant par l'est de l'Himalaya, la Chine et le Japon. En outre, certaines espèces poussent spontanément à l'est des Etats-Unis et en Amérique centrale.
Afin de simplifier votre choix, classons les magnolias botaniques par taille. A vous de préférer l'espèce adaptée à votre jardin et à son climat.

■ Les géants

A l'âge adulte, ces magnolias atteignent des hauteurs impressionnantes : entre 20 m et 30 m de hauteur. Ces arbres doivent donc être impérativement isolés et éloignés des habitations.

– *Magnolia acuminata*
Originaire de l'est des Etats-Unis, ce vigoureux magnolia est très rustique. Il forme rapidement un arbre de 20-25 m de haut. Les feuilles vertes, de 20 à 25 cm de long, sont pratiquement ovales et un peu duveteuses au revers. Les petites fleurs jaune verdâtre sont assez discrètes mais parfumées : elles viennent au milieu des feuilles, entre la mi-mai et la fin juin.
La fructification s'avère un peu plus spectaculaire puisque ce magnolia lui doit son surnom d'arbre aux concombres : les fruits jeunes revêtent en effet l'aspect et le coloris d'un concombre avant de virer au rouge à l'automne. Cependant l'arbre n'en produit pas suffisamment pour constituer un attrait majeur.
Pour réussir ce magnolia, plantez-le en sol profond, riche et ne se desséchant jamais.

– *Magnolia campbellii*
Cette espèce venue des hauts plateaux de l'Himalaya – entre 2 400 m et 3 000 m d'altitude – s'avère beaucoup moins rustique que la précédente, mais elle résiste aux vents violents puisque l'ouragan d'octobre 1987, dans le nord-ouest de la France, l'a relativement épargnée.
Malgré sa croissance rapide – plus de 1 m par an –, ce magnolia dépasse rarement 20 m de haut dans nos contrées. Il faut attendre plus de 25 ans avant de voir apparaître les premières fleurs. Mais alors, quel spectacle ! Des fleurs énormes, légèrement odorantes, d'un rose carmin plus ou moins vif, qui s'épanouissent à même le bois, entre février et la fin mars, selon le lieu et la clémence de l'hiver.

Magnolia denudata.

Réservez ce magnolia aux régions les plus douces. Plantez-le dans un sol bien drainé, en un lieu abrité et ensoleillé : à la rigueur, l'exposition peut être un mur au nord, bien protégé des vents froids, afin d'éviter que les boutons à fleurs très précoces ne s'ouvrent trop tôt et ne soient endommagés par les gelées.

Cultivars

Cette espèce a engendré quelques formes intéressantes nées spontanément à la suite d'une mutation (variation brusque des caractères génétiques). Ainsi :

• **'Princess Margaret'** : superbe mutation de *Magnolia campbellii* var. *alba*, obtenue dans les années 70. Les grandes fleurs se distinguent par des pétales rouge pourpré au centre crème marqué de pourpre.

• **'Lanarth'** : une très belle forme de *Magnolia campbellii* var. *mollicomata*, découverte en Chine et introduite en 1924. Ce cultivar est remarquable par le coloris pourpre-cyclamen de ses fleurs. Moins vigoureux que le type, l'arbre ne dépasse pas 10-15 m de haut.

– *Magnolia denudata*

Venant de Chine et introduit il y a deux siècles, ce magnolia rustique offre un port arbustif : en culture, il atteint 5-6 m de haut, voire 9 m au bout de cent et quelques années.

Cette espèce se met à fleurir très rapidement : dès la troisième ou la quatrième année, elle bénéficie d'une floraison généreuse. Comme cette dernière se produit tôt – entre février et avril selon le climat et le lieu – l'arbre exige une situation abritée des vents froids, sous peine de voir les gelées noircir les pétales. Les fleurs parfumées naissent blanches sur le bois nu. Elles s'ouvrent en coupe, en dévoilant un peu de rouge à l'extérieur. Les fruits bruns, fusiformes (plus de 10 cm de long) exhibent, à maturité, des graines rouge vif. Le *Magnolia denudata* est un des parents de l'important hybride *Magnolia* x *soulangeana*.

Pour réussir ce magnolia, plantez-le en tout type de sol : il peut être même assez alcalin, à condition qu'il bénéficie d'une humidité suffisante l'été. L'arbre vient aussi bien en plein soleil qu'en un lieu légèrement ombragé.

UN MAGNOLIA PERSISTANT

Les magnolias à feuillage persistant sont fort peu nombreux. Outre le *Magnolia delavayi* et le *Magnolia virginiana*, deux espèces botaniques rares pour climat doux (seulement disponibles en Grande-Bretagne, c'est pourquoi nous ne les décrivons pas), vous trouverez facilement en France le *Magnolia grandiflora* et ses nombreux cultivars.

– *Magnolia grandiflora*
Intéressant avant tout par son joli feuillage vernissé, persistant, ce magnolia l'est aussi par ses grandes fleurs blanches parfumées, un peu noyées dans les feuilles. Elles naissent en calice dans le courant de l'été, plus ou moins tôt selon la région : dès juin dans le Midi, fin août dans le Nord. Très éphémères, elles ne durent pas plus de deux jours mais se renouvellent très vite. Préférez les arbres multipliés par bouturage ou marcottage, qui fleurissent dès leur jeune âge (cinq ans), à ceux issus de semis, qui mettent vingt années ou plus avant d'épanouir des fleurs. Les fruits décoratifs, en forme de cône, ne mûrissent que dans le sud, parfois dans le nord à la suite d'un automne chaud.
L'arbre est originaire des endroits humides (bord de rivières ou d'étangs) du sud-est des Etats-Unis où il croît en compagnie des *Quercus nigra* et *Nyssa sylvatica*. Il s'avère être l'un des persistants les plus rustiques : des pieds âgés ont supporté jusqu'à – 24 °C en Grande-Bretagne, tandis que de jeunes plants perdaient leurs feuilles dès – 14 °C. Néanmoins, il ne fleurit bien que dans les régions à climat doux : le Bassin parisien constitue la limite orientale de sa culture.
Autre attrait de cet arbre, sa vigueur : dans le sud de la France, il peut dépasser 25-30 m de haut, tout comme dans sa région d'origine, et il y prend une forme pyramidale fort intéressante. Dans les régions froides, il vient très bien palissé contre un mur bien orienté.
Pour réussir ce magnolia, plantez-le dans un sol frais, sol qu'il affectionne. Sachez qu'il ne tolère en aucune façon un terrain calcaire. Pour l'exposition, il se montre plus souple : il vient aussi bien au soleil qu'à mi-ombre.

Cultivars
Parmi les cultivars du *Magnolia grandiflora* facilement disponibles dans notre pays, citons :
• '**Exmouth**' : un magnolia vigoureux à silhouette érigée, se mettant tôt à fleur. Les feuilles présentent un revers brun rougeâtre chez les arbres jeunes. Les fleurs sont remarquables par leur taille.
• '**Galissoniensis**' : superbe par sa forme vraiment pyramidale et ses jeunes feuilles qui naissent pourpres. Mais ce cultivar est moyennement rustique. En outre, sa floraison se fait attendre fort longtemps.
• '**Namnetensis Flore Pleno**' : un cultivar compact, de vigueur modérée, à réserver à l'Ouest ou au Sud. Les feuilles sont pourpres au revers. Les fleurs doubles apparaissent dès les premières années de l'arbre.

■ Les grands arbres

Tous ces magnolias forment de grands arbres à l'âge adulte, puisqu'ils dépassent 10 m de haut. Les conseils donnés ci-dessus pour les magnolias géants restent donc valables.

– *Magnolia kobus*
A l'avenir, les botanistes souhaitent appeler cette espèce *Magnolia praecosissima*, mais l'on peut parier qu'elle figurera encore longtemps sous son premier nom dans les catalogues. Ce magnolia est très répandu dans les forêts japonaises. Chez nous, il forme un bel arbre de 12 m de hauteur environ. Très rustique, ce magnolia peut pousser partout chez nous puisqu'il a résisté à une température de – 34 °C ! En hiver, les boutons floraux sont décoratifs par leur revêtement duveteux. Ils ouvrent des fleurs blanches, assez petites, du début mars au début avril selon la région.
Pour cette espèce également, l'âge de mise à fleur est très variable : de 7 à 30 ans pour les sujets issus de semis, 10 ans pour ceux propagés par bouture ou marcotte.
Pour réussir ce magnolia, vous pouvez le planter en tout type de sol puisqu'il accepte les terrains légèrement calcaires. Il préfère toutefois les sols profonds, riches en humus, comme ceux des forêts de sa région d'origine.

– *Magnolia macrophylla*
Impressionnant par ses feuilles gigantesques (jusqu'à 60 cm de long, 90 cm dans son habitat !), ce magnolia venu de Caroline du Sud est à réserver aux régions les plus douces : littoral ouest, Midi. Malgré son caractère peu rustique, il a bien supporté des températures de – 14 °C.
Planté en un lieu ensoleillé et abrité, cet arbre peut dépasser 10 m de haut. En juin-juillet, éclosent de très grandes fleurs parfumées, crème, au cœur violet : la floraison est d'autant plus généreuse que le temps est chaud.
Pour réussir ce magnolia, plantez-le au soleil, à l'abri des vents violents. Le sol idéal est riche et profond, et garde bien son humidité : mieux vaut qu'il soit plutôt neutre, légèrement acide ou calcaire.

– *Magnolia salicifolia*
Venu du Japon, ce magnolia à feuillage de saule atteint 10-15 m de haut chez nous, où il se montre tout à fait rustique. Jeune, l'arbre est généralement érigé, puis prend une forme pyramidale.
La floraison parfumée, d'un blanc immaculé, se produit en avril, avant la naissance des feuilles, dès le plus jeune âge de l'arbre. Les petits cônes qui la suivent présentent un joli coloris rose début octobre. Les jeunes feuilles, étroites et longues (près de 15 cm) dégagent un parfum anisé lorsqu'on les froisse, ainsi que les jeunes tiges.

Pour réussir ce magnolia, plantez-le en sol acide retenant bien l'humidité. Il vient aussi bien en plein soleil qu'à mi-ombre.

– *Magnolia tripetala*
Originaire de l'est des Etats-Unis, cette espèce très rustique forme un arbre érigé de plus de 10 m de haut. Les feuilles sont presque aussi grandes que chez le *Magnolia macrophylla* : elles mesurent jusqu'à 50 cm, voire 70 cm de long ! Elles apparaissent rassemblées à l'extrémité de chaque tige, ce qui vaut à l'arbre le surnom de magnolia parasol.
La floraison se produit au bout de huit ans chez les sujets issus de semis. Elle est plutôt clairsemée avec, au bout de chaque tige, de grandes fleurs crème dont l'odeur est désagréable, ce qui est rare chez le magnolia.
L'écorce du tronc peut être chiquée comme le tabac, dont elle serait une bonne alternative.
Pour réussir ce magnolia, plantez-le au soleil dans un lieu abrité des vents, et dans un sol riche en humus et retenant bien l'humidité tout au long de l'année.

■ Les grands arbustes

Ces magnolias se caractérisent par une croissance lente et un port plutôt compact. A l'âge adulte, ils mesurent entre 3 et 6 m de haut et engendrent de grands arbustes que l'on peut aussi considérer comme de petits arbres. Leur utilisation s'avère donc différente. Placez-les plutôt à proximité de la maison pour profiter à tout instant de leur floraison : une véritable splendeur.

– *Magnolia liliiflora*
Très cultivée en Chine et au Japon, cette espèce serait originaire des régions au climat chaud de l'est et du centre de la Chine. Elle forme un petit arbuste de 3 m de haut, à croissance lente. C'est donc une plante idéale pour un petit jardin. Les fleurs en calice s'épanouissent en mai : leurs corolles sont blanches à l'intérieur, tandis qu'elles mêlent le blanc et le pourpre en dehors.
Pour réussir ce magnolia, cultivez-le en un lieu ensoleillé et abrité, dans un sol légèrement acide et conservant bien sa fraîcheur.

Cultivar

• **'Nigra'** : il offre une silhouette plus érigée que le type et s'avère plus vigoureux. Atout majeur : sa très longue floraison grenat, l'une des plus longues parmi les magnolias ; de plus, il remonte sporadiquement en automne.

– *Magnolia sieboldii*
Un grand arbuste, ou un petit arbre à port étalé – de 3 à 5 m de haut – originaire du Japon, de Chine et de Corée.
La floraison offre le blanc le plus pur que l'on puisse trouver chez le magnolia. Elle est généreuse dès la cinquième année de l'arbre. Les fleurs naissent parmi le feuillage, à la fin mai, et durent jusqu'à la fin juillet. Elles sont parfumées, tout spécialement à la tombée de la nuit. Le blanc des pétales contraste de façon saisissante avec l'anneau rouge des étamines. Pour réussir ce magnolia, plantez-le à mi-ombre, dans un sol riche et acide, retenant bien l'humidité.

– *Magnolia sinensis*
Ce magnolia de Chine donne un grand arbuste (6 m de haut) dont la silhouette est assez dégingandée. Pour éviter cela, mieux vaut, dès le départ, former les jeunes plants sur une seule tige et ne laisser les branches se ramifier et s'étaler qu'au bout de quelques années. De la sorte, vous n'aurez qu'à vous placer près du tronc, sous l'arbre, pour profiter au mieux du spectacle grandiose qu'offrent les fleurs pendantes, en forme de coupe. Elles sont parfumées, blanches, avec des étamines rouges au centre. La floraison se produit fin mai, au milieu des feuilles, et remonte dans le courant du mois d'août. Les feuilles ovales sont très grandes : 18 cm de long, 13 cm de large. Leur revers est légèrement duveteux.
Pour réussir ce magnolia, plantez-le en plein soleil dans le Nord, à exposition mi-ombragée dans le Sud. Pour la nature du sol, cette espèce s'avère indifférente et vient aussi bien en terrain acide que calcaire, pourvu qu'il soit riche et retienne bien l'humidité.

– *Magnolia stellata*
De croissance lente et de port étalé, le magnolia étoilé est parfait dans les jardins de petite taille. En l'espace de vingt ans, les sujets atteignent 3 m de haut sur près de 4 m de diamètre. Cette espèce est originaire du Japon où elle abonde dans tous les parcs et jardins. Elle est très rustique.
Les fleurs si gracieuses naissent à même le bois nu, en mars-avril. Elles s'ouvrent blanches puis deviennent rosées, et sont dotées d'un agréable parfum. La floraison se produit dès la deuxième année de la plantation de l'arbre.
Pour réussir ce magnolia, plantez-le au soleil, dans une terre ne se desséchant jamais, qu'elle soit acide ou calcaire, dans la mesure où un paillage est effectué en automne ou au printemps.

Cultivars
Outre l'espèce botanique proprement dite, ou type, sont disponibles plusieurs cultivars :
• **'Rosea'** : les fleurs d'un rose très pâle fanent presque blanc.
• **'Royal Star'** : une sélection américaine très vigoureuse et particulièrement résistante au froid (jusqu'à – 37 °C). Les fleurs blanches s'ouvrent plus tardivement que chez le type.
• **'Water Lily'** : les boutons roses épanouissent des fleurs blanc crème plus grandes que chez le type.

Les hybrides

Les magnolias hybrides résultent d'obtentions relativement récentes — depuis le début du siècle, et après la Seconde Guerre mondiale — excepté le *Magnolia* x *soulangeana* qui fait vraiment figure de précurseur, avec ses plus de deux cent cinquante années ! Tous ces hybrides ont un développement plutôt restreint et forment de grands arbustes, à la rigueur de petits arbres. Aucun ne dépasse 10 m de haut à l'âge adulte. Voici les principaux hybrides, classés en fonction de la date de leur obtention.

■ Magnolia x soulangeana

Ce magnolia est l'un des plus plantés, sans doute à cause de ses magnifiques fleurs en forme de tulipe, rose pâle, qui éclosent à même le bois nu, en avril. Il résulte d'un croisement entre *Magnolia denudata* et *Magnolia liliiflora*, effectué en 1820 à Fromont près de Paris par Etienne Soulange-Bodin.
C'est un grand arbuste — 6-8 m de haut —, très rustique, au port généralement étalé. Les différents cultivars culminent à des hauteurs variées.
Pour réussir ce magnolia, plantez-le en plein soleil dans un sol profond, légèrement acide et retenant bien l'humidité, que vous enrichirez chaque automne. Cette espèce se comporte bien en terrain argileux et résiste bien à la pollution atmosphérique.

– *Cultivars*
• **'Alba Superba'** : les fleurs blanches, parfumées, ressemblent à celles du *Magnolia denudata*.
• **'Brozzonii'** : magnolia épanouissant tardivement de très grandes fleurs

parfumées, en forme de tulipe. Elles sont blanches, ombrées de pourpre à la base.
• **'Lennei'** : un vigoureux hybride à grandes feuilles, atteignant 10-12 m de haut. Les fleurs roses sont très grandes et en coupes. Elles remontent parfois en automne. Chez les plants multipliés par bouturage, elles apparaissent dès la quatrième année, ce qui est appréciable.
• **'Speciosa'** : une variété au développement plus restreint — 5-7 m de haut — et aux petites feuilles. De grandes fleurs d'un rose très pâle s'épanouissent en nuées généreuses, assez tardivement (en mai).
• **'Verbanica'** : un des hybrides les plus tardifs à fleurir. Vigoureux, il atteint 8-10 m de haut, avec une silhouette érigée. Les fleurs en coupes offrent un joli coloris rose se fanant en blanc à l'extrémité des pétales.

■ Magnolia x loebneri

Cet hybride de *Magnolia kobus* et de *Magnolia stellata* fut créé avant la Première Guerre mondiale. Il unit les meilleures qualités de ses parents : une floraison généreuse et odorante avant la naissance des feuilles, une excellente rusticité, une bonne résistance au vent et une tolérance aux sols calcaires. Il ne dépasse pas 9 m de haut. Dès son jeune âge, il épanouit, en avril, des fleurs tenant bien aux dernières gelées, et dont le coloris varie du blanc pur au lilas-pourpre selon les cultivars.
Pour réussir ce magnolia, plantez-le en plein soleil de préférence, à la rigueur sous un léger ombrage. Le sol peut être de toute nature, perméable ou retenant bien l'humidité, à l'exclusion d'un terrain constamment détrempé.

— *Cultivars*
• **'Leonard Messel'** : cultivar trapu, doté d'une superbe floraison d'un rose tendre en avril, venant après des boutons plus foncés.
• **'Merrill'** : une variété très vigoureuse, fleurissant d'un blanc immaculé fin avril. Le port, d'abord érigé, devient étalé avec l'âge.

■ Les hybrides de *M. stellata* 'Rosea' et *M. liliiflora* 'Nigra'

Ces hybrides obtenus aux Etats-Unis en 1965 ne portent pas un nom spécifique comme par exemple le *Magnolia* x *soulangeana*. On les nomme généralement par le nom de leurs obtenteurs en les appelant hybrides de 'de Vos' et 'Kosar'. Ils se distinguent par une taille moyenne — pas plus de 5 m de haut — et de grandes fleurs parfumées s'ouvrant avant l'apparition des feuilles, dont les coloris varient du rose au pourpre selon les cultivars.
Pour réussir ces magnolias, plantez-les dans un lieu ensoleillé et dégagé, en sol acide gardant bien l'humidité.

Magnolia loebneri 'Léonard Messel'.

– *Cultivars*
- **'Betty'** : un vigoureux magnolia à très grandes fleurs (20 cm de diamètre), rouge pourpré, au cœur blanc.
- **'Susan'** : un hybride très touffu à fleurs parfumées, rouge pourpré.

En pratique

■ L'emplacement

Choisissez avec soin le bon emplacement pour votre magnolia selon ses exigences. Nous venons de voir les besoins spécifiques en lumière de chaque type de magnolia. Respectez-les à la lettre afin que vos arbres prolifèrent bien. En ce qui concerne les espèces peu rustiques, veillez à leur assurer un emplacement bien protégé des vents froids, à l'abri d'un mur à l'ouest ou au sud-ouest par exemple. Dans les régions les plus septentrionales, rappelons que vous pouvez carrément palisser le *Magnolia grandiflora* contre une façade en plein sud.
En ce qui concerne le sol, répétons que la plupart des magnolias réclament une terre riche, ayant la propriété de ne jamais se dessécher l'été, de rester toujours fraîche. En revanche, leurs besoins divergent pour le type de sol.

Magnolia liliiflora 'Nigra'.

POUR SOL VRAIMENT ACIDE

Ces magnolias exigent un sol franchement acide, type terre de bruyère, au pH de préférence inférieur à 5,5.
- *Magnolia grandiflora*,
- *Magnolia salicifolia*,
- *Magnolia sieboldii*,
- magnolias hybrides 'Betty' et 'Susan'.

POUR SOL LÉGÈREMENT ACIDE

Pour ces magnolias, la terre doit être tout juste acide. Le pH souhaitable doit être compris entre 6 et 7 :
- *Magnolia liliiflora* 'Nigra',
- *Magnolia macrophylla*,
- *Magnolia* x *soulangeana*.

LES MAGNOLIAS INDIFFÉRENTS

Ces magnolias se plaisent aussi bien dans une terre légèrement acide qu'en terrain légèrement calcaire, sous réserve, comme toujours, que le sol soit riche et garde une fraîcheur permanente. Pas question toutefois de les planter en sol très acide ou très alcalin. Le pH souhaitable est compris entre 6 et 8. Il s'agit de :
- *Magnolia acuminata*,
- *Magnolia campbellii*,
- *Magnolia denudata*,
- *Magnolia kobus*,
- *Magnolia sinensis*,
- *Magnolia stellata*,
- *Magnolia tripetala*,
- *Magnolia* x *loebneri*.

■ La plantation

Pour les magnolias, l'époque de plantation idéale va de mars à fin avril pourvu que les plants aient été protégés du froid, surtout s'ils ont été élevés en conteneur. Les magnolias ainsi cultivés peuvent aussi être mis en place de la fin septembre au début novembre. Creusez un trou d'un volume proportionnel au développement ultérieur de la plante :
- 1 m de diamètre et 50 cm de profondeur pour les magnolias les plus petits,
- 1,50 m de diamètre et 80 cm au moins de profondeur pour les magnolias de plus de 10 m de haut.

Pour les magnolias indifférents à la nature du sol, incorporez une bonne dose de tourbe blonde et de fumier bien décomposé, et mélangez le tout intimement à la terre enlevée du trou. Par la suite, évitez évidemment tout apport d'engrais acidifiant, comme les formules spécifiques aux plantes de terre de bruyère. Chaque automne, épandez au pied de l'arbre un engrais classique pour arbres et arbustes.

Pour les magnolias qui exigent une terre vraiment acide, remplacez la terre enlevée par un mélange de terre de bruyère (2/3) ou de terre de fougère et de tourbe brune (1/3) ou de terreau de feuilles très bien décomposées. Chaque automne, épandez un engrais acidifiant comme celui déjà préconisé (voir page 21). Pour les magnolias qui se contentent d'une légère acidité, si votre sol est neutre, il vous suffit de mélanger une bonne dose de tourbe brune à la terre. Si le sol est trop alcalin ou trop acide, prévoyez une fosse tapissée (voir page 18) que vous remplissez d'un mélange de bonne terre de jardin (2/3) et de tourbe brune (1/3).

Pour une meilleure reprise, plantez de préférence des plants de petite taille — entre 50 cm et 1,20 m de haut. Lors de la plantation, évitez à tout prix de casser les racines charnues du magnolia, et n'enterrez pas la motte : installez-la de façon que son niveau supérieur affleure le sol. Arrosez bien juste après la mise en place. Veillez ensuite à assurer des apports d'eau réguliers le premier printemps et le premier été surtout, puis durant toutes les périodes de sécheresse prolongée les années suivantes.

PAILLEZ POUR MAINTENIR LA FRAÎCHEUR

Dans la nature, le magnolia pousse toujours en compagnie d'autres arbres et profite ainsi de l'humus naturel qui se forme à son pied, du fait de la décomposition des feuilles. Imitez donc la nature et prenez le soin, durant la belle saison, de pailler le sol autour du tronc de vos magnolias, de sorte que les racines trouvent une fraîcheur constante. Comme paillage, adoptez un lit de feuilles de fougère, d'écorces de pin ou de déchets de tonte de gazon sur 5 cm de haut.

■ La taille

Le magnolia (quels que soient les espèces ou les hybrides) n'a aucunement besoin de taille. Néanmoins, cette opération s'impose pour certains cas particuliers.

• Un arbuste peu florifère

Une telle taille peut éventuellement s'appliquer aux magnolias de petit développement (3-5 m de haut à l'âge adulte) qui se montrent peu enclins à fleurir.

Raccourcissez de 15 à 20 cm tous les rameaux trop vigoureux qui fleurissent peu, et conservez toutes les branches de faible vigueur. Opérez avant que les boutons ne s'ouvrent ou, au plus tard, au tout début de la floraison.

• **Un magnolia abîmé par le vent**

Si des rameaux sont morts, desséchés par un vent violent ou un froid rigoureux, ne vous inquiétez pas. L'arbre va repartir avec une belle vigueur si vous taillez les branches abîmées juste au-dessus du dernier bourgeon encore vert. N'hésitez pas, au besoin, à mastiquer les plaies avec du goudron de Norvège s'il s'agit de sections de grand diamètre.

• **Un magnolia grandiflora** palissé contre un mur. Si ce magnolia persistant devient exubérant au point d'envahir des fenêtres ou des gouttières, taillez-le au printemps, quand la végétation démarre, afin de ne pas contrecarrer la floraison estivale. Evitez les rabattages trop sévères. Effectuez plutôt des tailles régulières, chaque printemps, pour ce type d'arbre palissé.

■ Multiplication

Contrairement aux autres plantes de terre de bruyère décrites, le magnolia ne se propage pas facilement, ce qui explique son prix souvent élevé. Semis, greffage, marcottage ou bouturage sont donc à laisser au domaine des professionnels.

■ Les ennemis spécifiques

Particulièrement résistant, le magnolia est rarement sujet à des maladies, encore moins victime des ravageurs. Ses seuls ennemis, les limaces, sont à craindre l'année qui suit la plantation.

– *Les limaces*

Les jeunes magnolias redoutent particulièrement les attaques de limaces la première année après leur plantation. Ces ravageurs se manifestent surtout le soir, par temps chaud et humide, où ils dévorent les feuilles des jeunes plantes. Protégez vos magnolias récemment plantés en épandant des appâts répulsifs spécifiques. Si vous agissez ainsi, tenez les jeunes enfants et les chats éloignés des zones traitées. Ou alors, appliquez un de ces « trucs », toujours valables : à proximité des jeunes magnolias, disposez des appâts naturels comme de la bière versée dans une soucoupe, des déchets de légumes ou de fruits, etc.

Magnolia stellata 'Rosea'.

LES MARIAGES LES PLUS RÉUSSIS

Ne laissez pas votre camellia ou votre rhododendron désespérément seul au jardin. Mariez-le donc à d'autres variétés du même genre ou à d'autres plantes. Pour obtenir le meilleur effet, associez des végétaux offrant des floraisons concomitantes ou des feuillages contrastant joliment par leurs formes ou leurs couleurs. Mais, rappelons tout d'abord quelques principes de base pour réussir les plus intéressantes unions.

Azalées mollis (jaune) et primevères du Japor

rouge, au premier plan) : l'entente cordiale.

A quelques exceptions près, la plupart des plantes de terre de bruyère « vraies » et « pseudo » que nous venons de décrire préfèrent une exposition mi-ombragée, dotée toutefois d'une bonne luminosité, afin de pouvoir fleurir généreusement. Quels sont les lieux idéaux que vous pouvez magnifiquement égayer de leur compagnie ? Ce sont souvent des endroits mal utilisés au jardin, ou laissés malheureusement dénudés et sans âme, parce que l'on ignore quels végétaux peuvent y proliférer. Ainsi, les sous-bois, les cours ou les terrasses au nord des maisons, si ces emplacements ne sont pas trop sombres.
Conviennent aussi aux plantes de terre de bruyère les expositions contre un mur au nord, au nord-est ou au nord-ouest. A une condition : l'endroit doit être bien dégagé (qu'il ne se trouve pas, par exemple, un immeuble imposant juste en face), mais pas trop dégagé toutefois, car il doit être également abrité des courants d'air froids que ces plantes ne tolèrent pas. Une façade à l'ouest ou à l'est peut également convenir pourvu que l'emplacement soit épargné du soleil durant les heures les plus chaudes, grâce à l'ombre d'un arbre, par exemple. Attention, tous ces lieux ne conviennent que si le sol reste frais constamment (voir encadré).

LES CAS INTERDITS

Outre la mi-ombre, les plantes de terre de bruyère veulent aussi un sol frais tout au long de l'année. Ceci limite leurs utilisations : évitez par exemple de les installer juste au pied de gros arbres, là où la terre est devenue sèche du fait de la présence excessive de racines, et où l'ombre est trop dense. Méfiez-vous aussi d'un emplacement situé contre une façade orientée à l'est qui, trop souvent, n'est pas arrosé par les pluies venant en majorité de l'ouest.

■ Exotisme ou classicisme : à vous de jouer !

Le choix de l'emplacement étant fait, il ne vous reste plus qu'à égrener votre massif de plantes. Pas au petit bonheur la chance ! Procédez méticuleusement si vous optez pour une association de plusieurs végétaux.
Tenez compte de la taille et du diamètre que prendra chaque plante à l'âge adulte pour savoir où et à quel espacement la placer au sein du massif. N'hésitez pas à prévoir un écart assez grand entre chacune : respectez la distance préconisée

lors des descriptions des différentes espèces, même si celle-ci vous paraît trop importante une fois la plantation achevée. Vous le constaterez rapidement : la plupart de ces végétaux de terre de bruyère ont tendance à s'étaler, et ils tapisseront vite les espaces laissés dégarnis. En attendant, vous pouvez à la limite combler les espaces vides avec des vivaces comme les digitales, les hostas, ou des primevères aux hampes géantes telle la *Primula beesiana* (voir les azalées ci-dessous). Mais attention : veillez avec soin à limiter le développement de ces vivaces afin qu'elles n'envahissent pas et ne concurrencent pas les racines des plantes de terre de bruyère qui ont la particularité de s'étendre horizontalement, juste sous la surface du sol.
Classique, votre massif peut l'être si vous imitez ces scènes toujours fort réussies, tels des mariages d'azalées et de bruyères, en rocaille ou en sous-bois. Cependant n'hésitez pas à ajouter une touche personnelle en introduisant ça et là des îlots de vivaces ou de bulbes à floraison concomitante de celles des plantes de terre de bruyère. Ceci afin de rompre la monotonie et d'engendrer un effet de surprise bienvenu.
La carte de l'exotisme, vous pouvez aussi la jouer avec ces végétaux de terre de bruyère. Leur feuillage offre en effet une telle palette de formes et de couleurs qu'il serait dommage de ne pas en profiter pour innover et tenter des associations peu courantes, comme celle d'un érable du Japon à feuillage pourpre et d'un piéris à feuillage panaché par exemple.
Tirez également parti du contraste de l'aspect des feuilles : ainsi les frondes allongées d'une fougère au pied d'un rhododendron géant à feuilles énormes, lui-même bénéficiant de l'ombre d'un ginkgo, grand conifère insolite par ses petites feuilles caduques en forme d'éventail.
L'originalité, ce peut être aussi l'introduction de plantes de terre de bruyère autres que celles décrites dans cet ouvrage. Plus rares, comme l'*Oxydendrum arboreum*, superbe petit arbre fleuri de blanc l'été, dont le feuillage s'illumine de tous ses feux en automne avant de tomber. Ou plus connues, comme le myrtillier *(Vaccinium)* précieux par ses baies décoratives et comestibles chez certaines espèces, et qui peut former au pied des rhododendrons un séduisant couvre-sol.

■ Les meilleures idées, plante par plante

Quelle que soit la conception de votre massif, plutôt classique, originale, voire exotique, évitez à tout prix de mélanger trop de plantes différentes. Dans tous les cas, les meilleurs résultats sont obtenus par des mariages de trois ou quatre espèces distinctes au grand maximum.

Les azalées

Ce genre offre des possibilités multiples pour le décor du jardin.

■ Azalée mollis et Primula

Mariage classique, mais toujours magnifique, celui des tons pastel des azalées mollis et des *Primula aurantiaca*, orange foncé, *beesiana*, roses, x *bullesiana*, rose orangé, et *bulleyana*, jaune-orange. Pour un effet vraiment étonnant, mariez à ces divers types de primevères plusieurs azalées aux tons différents. Choisissez un lieu assez ensoleillé pour ces plantes. Constituez des touffes bigarrées de *Primula*, suffisamment éloignées des azalées : à 1,50 m au moins de chaque tronc. Chaque année, surveillez le développement des primevères afin qu'elles n'envahissent pas les azalées.

■ En rocaille

Mariez des azalées japonaises tapissantes et des bruyères sur une rocaille pas trop ensoleillée. Choisissez des bruyères à floraison printanière, et évitez les mélanges de coloris trop heurtés, comme le violet et le rouge par exemple. Une belle association, celle de l'*Erica* x *darleyensis* 'Jack H. Brummage', à fleurs rose pâle et de l'azalée 'Helena' aux fleurs pourpre-lilas clair. N'hésitez pas à rabattre ces azalées si elles prolifèrent trop.

■ Sculptures végétales

Si vous désirez donner un cachet particulier à une cour ombragée, derrière votre maison, pourquoi ne pas y pratiquer des sculptures végétales (art topiaire) ? Plantez donc des azalées japonaises, ainsi que des buis ou des ifs et donnez à chaque plante la forme que vous souhaitez — boule, cône ou autres — par des tailles régulières. Pour laisser fleurir votre azalée sculptée, ne la taillez chaque année qu'après sa floraison.

■ En sous-bois

Egayez l'ombre — légère — d'un sous-bois avec une azalée japonaise de grand format comme 'Santa Maria', aux fleurs orange vif et un rhododendron au développement voisin comme 'Goldsworth Yellow', dont les boutons abricot rosé ouvrent des fleurs jaune primevère, rayé de marron. Constituez donc une scène peu commune en intercalant un pied de rhododendron et un pied de cette azalée, et espacez chaque arbuste d'au moins 1,50 m.

Autre réalisation, plus répandue et plus classique, celle qui consiste à border un massif de rhododendrons de coussins d'azalées japonaises naines.

■ A l'ombre du Cornus florida

Le *Cornus florida* forme un petit arbre de 3 à 6 m de haut, qui épanouit de délicates fleurs blanches au printemps. Comme il présente les mêmes besoins que l'azalée, mais exige le plein soleil, vous pouvez planter des azalées – japonaises ou caduques – à ses pieds. Superbe spectacle garanti au printemps.

■ Un chemin bordé d'azalées

Transformez un banal chemin que vous empruntez fréquemment, de votre maison à la rue par exemple, en une somptueuse promenade, par une plantation toute simple d'azalées, de part et d'autre du chemin. L'effet sera d'autant plus surprenant que l'allée est étroite : au printemps vous aurez ainsi réellement l'impression de marcher au milieu de fleurs. Pour cela, préférez les azalées japonaises qui sont décoratives toute l'année par leur feuillage, et dont vous pouvez facilement limiter la végétation en la taillant à la cisaille, comme une simple haie.
L'emplacement choisi doit être assez ensoleillé, protégé des vents froids, et le terrain frais. Adoptez plutôt des variétés à grand développement que vous planterez assez serrées, tous les 60-70 cm. Evitez le mélange de plusieurs couleurs ; pour un effet plus saisissant, ne retenez qu'une seule variété, surtout si le chemin est assez court.

Les rhododendrons

■ Classicisme avec les hybrides

Le rhododendron est tellement imposant qu'il apparaît difficile de le marier à d'autres plantes sans qu'il les domine outrageusement. Une solution de facilité consiste donc à regrouper plusieurs variétés à floraison concomitante. Pour donner un peu de vie à votre massif, adoptez des rhododendrons de taille différente et dont les coloris des fleurs tranchent nettement : mariez ainsi à l'arbuste de développement moyen 'Goldsworth Yellow', à fleurs jaune primevère rayé de marron, à l'hybride géant 'Purple Splendour', aux fleurs pourpre foncé, rayé de noir.

■ Rhododendron et piéris

Si vous estimez le feuillage vert sombre du rhododendron un peu triste à longueur d'année, éclairez-le de la présence d'un piéris. Ainsi, bien avant la floraison des rhododendrons, vous aurez un spectacle éclatant au début du printemps avec l'apparition des nouvelles feuilles rouges des piéris. Si vous souhaitez que cet effet se prolonge toute l'année, choisissez le *Pieris japonica* 'Flaming Silver', très décoratif par son feuillage vert maculé d'argent. Pour un massif d'aspect plus naturel et spontané, préférez des rhododendrons de format moyen qui présenteront un développement similaire à celui des piéris, et, qui ainsi ne les écraseront pas. Espacez suffisamment chaque arbuste — au moins 2 m entre chaque pied.

■ En sous-bois avec les digitales

Si les azalées mollis offrent surtout des fleurs pastel et se plaisent en compagnie d'un parterre de *Primula* de mêmes coloris, le rhododendron, lui, se cantonne plutôt dans les teintes carminées. En sous-bois, il fait bon ménage avec les digitales qui sont spontanées et fleurissent dans les mêmes tons et à la même époque que lui. Pour bénéficier de magnifiques scènes printanières à mi-ombre, laissez donc ces plantes vivaces proliférer à proximité des rhododendrons.

■ Un effet exotique

Tirez parti du feuillage magnifique des rhododendrons botaniques géants comme *Rhododendron macabeanum* ou *Rhododendron sinogrande*, pour créer une scène luxuriante, teintée d'exotisme. Ces deux arbustes énormes émettent, en effet, de très grandes feuilles duveteuses d'un vert argenté. Plantez-les à l'ombre d'un ginkgo, grand conifère dont les petites feuilles en éventail sont dorées en automne, avant de tomber. A leur pied, installez une touffe de fougère étonnante comme l'osmonde royale (*Osmunda regalis*) dont les jeunes frondes naissent rose cuivré et prennent en automne des tons flamboyants. Et pourquoi pas un rideau de bambous géants à proximité, pour renforcer l'aspect d'exotisme ?

quelques bouleaux. Une scène unique, l'écorce blanche des arbres contrastant magnifiquement avec le vert intense des feuillages, vert rehaussé de rouge chez le piéris au printemps. Dans une telle association, donnez l'exposition la plus ensoleillée ou la moins ombragée aux camellias et piéris, et placez au contraire les rhododendrons là où l'ombrage est le plus dense. Espacez bien chaque arbuste : 2 m au minimum entre chaque pied.

■ Piéris et bruyères

Pour un massif vraiment très coloré au début du printemps, bordez un ou plusieurs piéris d'un coussin de bruyères à floraison printanière. Choisissez-les de la même variété, afin d'obtenir un effet uniforme. Une variété de choix, l'*Erica carnea* 'Ruby Glow' : sa floraison printanière rouge rubis reprend la couleur éclatante des jeunes feuilles de la plupart des piéris. Ensuite, son feuillage bronze contraste joliment avec le ton vert de celui du piéris.

Les kalmias

■ Kalmias et roses anciennes

Pour bien fleurir, ces ravissants arbustes exigent le plein soleil, mais un sol frais. Comme leur floraison s'effectue en juin, au moment où celle des rosiers bat leur plein, mariez-les à des roses anciennes qui forment de vigoureux arbustes comme 'Nevada', à grandes fleurs simples blanches, 'Marguerite Hilling', à grandes fleurs simples roses, ou 'Ghislaine de Féligonde' dont les fleurs doubles naissent orange jauni et pâlissent en rose puis en ivoire. Chacune de ces plantes forme un buisson très étoffé de près de 2 m de diamètre. Aussi, pas la peine d'en installer beaucoup pour meubler un massif. Prévoyez un espacement adapté entre chaque pied.

■ Kalmias et rhododendrons

Si, mais seulement si, ce massif a le bonheur d'être ombragé durant les heures les plus chaudes de la journée, n'hésitez pas à joindre aux kalmias et aux rosiers, des rhododendrons hybrides à floraison tardive. Placez à l'arrière-plan un rhododendron à grand développement comme 'Anna Rose Whitney', à fleurs rose carminé, ou 'Gomer Waterer', à fleurs blanches. Ou optez pour un rhododendron de même développement que les autres arbustes comme 'Doc', à fleurs rose clair, ou 'Jock', d'un rose soutenu.

Les magnolias

■ De l'ombre pour les azalées

Profitez de la floraison printanière des magnolias pour égayer leur pied d'azalées qui s'épanouiront en même temps. Choisissez par exemple des azalées hâtives à la base d'un *Magnolia* x *soulangeana*, en fleur dès avril : ainsi l'azalée mollis 'Directeur Moerlands', aux fleurs jaune d'or, ou 'Hugo Koster', rouge coquelicot. Retenez par contre des azalées à floraison tardive à l'ombre d'un *Magnolia sinensis* qui attend la fin mai pour éclore ses boutons : ainsi, l'azalée japonaise 'Vuyk's Orange', aux grandes fleurs orange, ou 'Tamabini', dont la floraison rouge brique formera un contraste étonnant.

■ Les petits formats en valeur

Au même titre que les érables du Japon, isolez impérativement les magnolias de petit format afin de bien les mettre en valeur : sur une pelouse, voire sur une rocaille. Imaginez une scène toute simple, mais superbe, en plantant un *Acer palmatum* 'Atropurpureum', à feuillage pourpre à proximité d'un *Magnolia stellata* 'Water Lily', à fleurs blanc crème.

Les hydrangéas

■ Contre un mur au nord

Pour égayer une façade orientée au nord, rien de tel qu'un massif d'hydrangéas. A l'image des rhododendrons, ces arbustes ont un développement imposant et sont dotés de grandes feuilles, ce qui les rend très difficiles à marier à d'autres genres. Contre un mur au nord, regroupez donc plusieurs cultivars d'hydrangéas à floraison concomitante sur un fond d'hydrangéa grimpant *(Hydrangea petiolaris)*.

■ Contrastes de feuillage

Vous estimez banal le feuillage de vos hydrangéas ? Bien sûr, les feuilles simples, vertes des cultivars d'*Hydrangea macrophylla* offrent un aspect bien classique. Mais vous pouvez créer de séduisants contrastes de feuillage en intercalant, ça et là, quelques hydrangéas remarquables par leurs feuilles : artistiquement découpées comme celles de l'*Hydrangea quercifolia*, duveteuses comme celles de l'*Hydrangea aspera* 'Sargentiana', ou d'un pourpre étonnant comme celles de l'*Hydrangea serrata* 'Preziosa'. Tous ces arbustes ont des besoins similaires et se plaisent à une exposition ombragée où vous pouvez les planter en les espaçant de 1,50 m à 2 m.

■ Hydrangea paniculata et kalmia

Parmi les hydrangéas, l'*Hydrangea paniculata* se singularise par son exigence de soleil. Plantez-le donc en compagnie du kalmia, arbuste qui présente les mêmes besoins. Préférez le *Kalmia latifolia*, qui offre un développement comparable à celui de l'hydrangéa et dont la floraison précèdera de peu celle de l'autre arbuste. Dans une telle situation, vous pouvez également adopter un vigoureux rosier arbuste ancien comme 'Nevada', dont les grandes fleurs blanches, simples, s'épanouissent tout l'été.

Où trouver ces plantes ?

Pour trouver sans problème la plupart des hybrides cités parmi les bruyères, les azalées, les rhododendrons, les camellias, les magnolias, les érables du Japon, les piéris, les kalmias et les hydrangéas, voici une liste de pépinières en France et en Grande-Bretagne.

■ Pépinières spécialisées

Ces pépiniéristes proposent un grand choix de plantes de terre de bruyère.
Arboretum de Balaine : Château de Balaine, 03460 Villeneuve-sur-Allier. Tél. 70.43.30.07. Vente sur place uniquement. *Plantes de terre de bruyère : azalées, rhododendrons, magnolias, kalmias, érables du Japon, hydrangéas.*
Le Bois d'Eve : 77690 La Genevraye. Tél. (1) 64.29.00.98. *Plantes de terre de bruyère : toutes celles citées dans ce livre.*
Centre d'art floral : 76119 Varengeville-sur-mer. Tél. 35.85.14.64. *Plantes de terre de bruyère : toutes celles citées dans ce livre.*
Christophe Egon : La Fontaine-des-Landes, 50820 Brix. Tél. 33.41.96.65. Vente sur place uniquement. *Plantes de terre de bruyère : toutes celles citées dans ce livre.*
Pépinières Adeline : 18140 La Chapelle-Montlinard. Tél. : 48.79.51.51. *Plantes de terre de bruyère : toutes celles citées dans ce livre.*

Pépinière botanique Jean Thoby : Château de Gaujacq, 40330 Amou. Tél. 58.89.24.22. *Plantes de terre de bruyère : camellias botaniques et hybrides, azalées, rhododendrons botaniques et hybrides, magnolias, kalmias, piéris, hydrangéas, érables du Japon, bruyères arborescentes.*

Pépinières Côte Sud des Landes : 40230 St-Geours-de-Maremne. Tél. 58.57.33.30. *Plantes de terre de bruyère : rhododendrons botaniques et hybrides, azalées, camellias, hydrangéas, érables du Japon, magnolias, piéris.*

Pépinières Croux : 72, avenue Roger Salengro, 92290 Châtenay-Malabry. Tél. (1) 46.61.04.06. *Plantes de terre de bruyère : toutes celles citées dans ce livre sauf le camellia.*

Pépinières Dauguet : La Voisinière, 53220 Larchamp. Tél. 43.05.32.20. *Plantes de terre de bruyère : bruyères, hydrangéas, azalées, rhododendrons, camellias, piéris.*

Pépinières Roué-Cadioux : Kérangué, 29234 Plouigneau. Tél. 98.79.10.93. Vente sur place uniquement. *Plantes de terre de bruyère : toutes celles citées dans ce livre.*

Pépinières Saint-Joseph : Abbaye Notre-Dame, 88700 Autrey. Tél. 29.65.90.12. Vente sur place uniquement. *Plantes de terre de bruyère : bruyères, azalées, rhododendrons.*

Plantymen : Penquelen, 56530 Queven. Tél. 97.65.99.76. *Plantes de terre de bruyère : toutes celles citées dans ce livre.*

A. Stervinou : Kerguelen, Guipronvel, 29290 Saint-Renan. Tél. 98.07.90.66. *Plantes de terre de bruyère : toutes celles citées dans ce livre.*

La Vallée Blonde – Hillier : L'Hôtellerie, RN 13, 14100 Lisieux. Tél. 31.32.51.21. *Plantes de terre de bruyère : toutes celles citées dans ce livre (nombreuses espèces botaniques et hybrides).*

■ Pépinières « généralistes »

Ces pépiniéristes ne sont pas spécialisés dans les plantes de terre de bruyère, mais en proposent dans leur catalogue, en plus de leurs propres spécialités.

Jacques Briant : 49480 St-Sylvain-d'Anjou. Tél. 41.69.52.92. *Plantes de terre de bruyère : toutes celles citées dans ce livre.*

Cotelle : 76370 Derchigny-Graincourt. Tél. 35.83.61.38. *Plantes de terre de bruyère : hydrangéas, rhododendrons de petite taille.*

Ellebore : Jardin d'Acclimatation, Bois de Boulogne, 75116 Paris. Tél. (1) 40.67.93.37. *Plantes de terre de bruyère : rhododendrons, camellias sasanqua, magnolias.*

Kerdalo : 22220 Trédarzec. Tél. 96.92.37.57. *Plantes de terre de bruyère : hydrangéas, camellias, rhododendrons, magnolias, bruyères tapissantes et arborescentes.*

Pépinières Allavoine : R.N.446, 78350 Jouy-en-Josas. Tél. (1) 39.50.56.98. *Plantes de terre de bruyère : azalées, rhododendrons, bruyères, hydrangéas.*
Pépinière d'Apremont : Ferme de l'Aubois, 18600 Neuvy-le-Barrois. Tél. 48.80.43.73. *Plantes de terre de bruyère : magnolias, hydrangéas.*
Pépinières Charentaises : 16310 Montembœuf. Tél. 45.65.02.61. *Plantes de terre de bruyère : toutes celles citées dans ce livre.*
Pépinières les Iris : B.P.4, 44450 St-Julien-de-Concelles. Tél. 40.54.14.08. *Plantes de terre de bruyère : bruyères arborescentes, hydrangéas.*
Pépinières Minier : Les Fontaines de l'Aunay, B.P.35, 49250 Beaufort-en-Allée. Tél. 41.47.41.65. *Plantes de terre de bruyère : toutes celles citées dans ce livre.*
Pépinières Rhône-Alpes : Les Greffets, 01440 Viriat. Tél. 74.25.36.55. *Plantes de terre de bruyère : magnolias, rhododendrons botaniques et hybrides, hydrangéas.*
Planbessin : 14490 Castillon. Tél. 31.92.56.03. *Plantes de terre de bruyère : bruyères, hydrangéas.*

■ Pépinières de Grande-Bretagne

A la différence de chez nous, de nombreuses pépinières sont spécialisées en Grande-Bretagne : certaines ne produisent que des bruyères, d'autres se cantonnent dans le rhododendron. Il existe un choix énorme d'hybrides ou d'espèces botaniques que vous ne trouverez pas dans notre pays. Ecrivez donc à ces pépinières pour demander leur catalogue : l'envoi à l'étranger est souvent gratuit.
Dans cette liste, sont spécifiées les spécialités des pépinières sous deux formes :
- « plantes de terre de bruyère », avec l'énumération des différents végétaux, quand la pépinière produit d'autres plantes.
- « spécialités », quand la pépinière se spécialise dans un ou deux genres.

Barncroft Nurseries : Dunwood Lane, Longsdon, Stoke-on-Trent, Staffs ST9 9QW, England. Tél. (0538) 384.310. *Plantes de terre de bruyère : grand choix de bruyères.*
Bodnant Garden Nursery Ltd. : Tal-y-Caln, Colwyn Bay, Clwyd LL28 5RE, Wales. Tél. (049267) 460. *Spécialités : rhododendrons, camellias, magnolias.*
Burncoose & South Down Nurseries : Gwennap, Redruth, Cornwall TR16 6BJ, England. Tél. (0209) 861.112. *Plantes de terre de bruyère : rhododendrons, azalées, bruyères arborescentes, camellias, hydrangéas, magnolias, érables du Japon, piéris, kalmias.*
Crail Nurseries Ltd. : Newstead Abbey Park, Nottingham, Notts NE15 8GD, England. Tél. (0623) 792.866. *Spécialités : bruyères, conifères.*

Denbeigh Heather Nurseries : All Saints Road, Creeling StMary, Ipswich, Suffolk IP6 8PJ, England. Tél. (0449) 711.220. *Spécialités : bruyères.*
Exbury Gardens : Exbury, Hants SO4 1AZ, England. Tél. (0703) 891.203. *Plantes de terre de bruyère : azalées, rhododendrons, camellias.*
Fairlight Camellia Nursery : Three Oaks Village, Guestling, E. Sussex, England. Tél. (0424) 425.371. *Plantes de terre de bruyère : hybrides rares anciens et hybrides récents de camellia, rhododendrons, azalées japonaises et caduques.*
Geoffrey Yales : Stagshaw, Ambleside, Cumbria LA22 OHE, England. Tél. (05394) 32.109. *Plantes de terre de bruyère : bruyères, rhododendrons, azalées...*
Glendoick Gardens Ltd. : Glencarse, Perth PH2 7NS, Scotland. Tél. (073 886) 205. *Plantes de terre de bruyère : rhododendrons, azalées et autres éricacées, camellias, magnolias.*
Goscole Nurseries Ltd. : Syston Road, Crossington, Leics LE7 8NZ, England. Tél. (050981) 2121. *Plantes de terre de bruyère : nombreuses éricacées.*
Grenacres Nursery : Bringsly, Herefordshire WR6 5TA, England. Tél. (0885) 82206. *Spécialités : bruyères.*
The Heather Garden : 139 Swinston Hill Road, Dinnington, Sheffield, S. Yorks S31 7RY, England. Tél. (0909) 565.510. *Spécialités : bruyères, conifères nains.*
The High Garden : Courtwood, Newton Ferrers, S. Devon PLB 1BW, England. Tél. (0752) 872.528. *Spécialités : piéris, rhododendrons.*
John of Dorset : Avonmoor, Matchams Lane, Hurn, Christchurch, Dorset BH23 6AA, England. Tél. (0202) 517.139. *Spécialités : bruyères.*
King & Palon : Bamhourie Mill, by Dallbeatlie, DG5 4PU Scotland. Tél. (038778) 269. *Spécialités : rhododendrons botaniques.*
Knaphill & Slocock Nurseries : Barrs Lane, Knaphill, Woking, Surrey GU21 2JW, England. Tél. (01867) 812.125. *Plantes de terre de bruyère : azalées, rhododendrons et autres éricacées.*
The Lanhydrock Gardens : Lanhydrock, Bodmin, Cornwall PL30 5AD, England. Tél. (0208) 2220. *Plantes de terre de bruyère : camellias, azalées, rhododendrons, magnolias.*
Leonardslee Gardens : Lower Beeding, W. Sussex RH13 6PX, England. Tél. (040376) 412. *Spécialités : rhododendrons et azalées.*
Mallet Court Nursery : Taunton, Somerset TA3 6SY, England. Tél. : (0823) 480748. *Spécialités : grande collection d'érables, dont de nombreux érables du Japon, magnolias.*
Marwood Hill Gardens : Curry Mallet, Taunton, Somerset TA3 6SY, England. Tél. (0823) 4807.48. *Spécialités : rhododendrons et azalées.*
Millais Nurseries : Crosswater Farm, Churt, Farnham, Surrey GU10 2JN, England. Tél. (025125) 2415. *Spécialités : rhododendrons, azalées.*

Otters'Court Heathers : Otters'Court, West Camel, Yeovil, Somerset BA22 7QF, England. Tél. (0935) 850.285. *Spécialités : bruyères tolérant le calcaire.*
Ridgeway Heather Nursery : Hordeley Farm, Hordeley, Shropshire SY7 8HP, England. Tél. (05882) 2248. *Spécialités : bruyères et plantes aimant l'acidité.*
Rosemoor Garden Trust : Great Torrington, Devon EX38 7EG, England. Tél. (0805) 24067. *Plantes de terre de bruyères : grand choix de rhododendrons botaniques, magnolias, camellias, piéris, érables du Japon, bruyères arborescentes...*
Spinners : Boldre, Lymington, Hants SO41 5QE, England. Tél. (0590) 73347. *Plantes de terre de bruyère : érables du Japon, magnolias.*
Starborough Nursery : Starborough Road, Marsh Green, Edenbridge, Kent TN8 5RB, England. Tél. (0732) 865.614. *Plantes de terre de bruyère : rhododendrons, azalées, magnolias.*
Trehane Camellia Nursery : Stapehill Road, Hampreston, Wimborne, Dorset BH21 7NE, England. Tél. (0202) 873-490. *Plantes de terre de bruyère : camellias rustiques, azalées, piéris, magnolias.*
Trewidden Estate Nursery : Trewidden Gardens, Penzance, Cornwall TR20 8TT, England. Tél. (0736) 62087. *Spécialités : camellias.*
Trewithen Nurseries : Grampound Road, Truro, Cornwall, England. Tél. (0726) 882.764. *Plantes de terre de bruyère : surtout camellias et rhododendrons.*

Index

Index des plantes citées

LES PLANTES DE TERRE DE BRUYÈRE